유튜브의
힘

부모되는 철학시리즈 함께 나누는 행복 이야기

부모 노릇은 지구상에서 가장 힘들고 까다로우며 스트레스가 따른다. 동시에 가장 중요한 일이기도 하다. 아이를 어떻게 키우느냐에 따라 다음 세대의 마음과 의식과 영혼, 의미와 유대감에 대한 아이의 경험, 삶에서 아이가 터득하는 기술, 아이의 내밀한 감정 변화와 급변하는 세계 속에서 아이가 설 위치가 달라지기 때문이다.

"부모되는 철학 시리즈"는 아이의 올바른 성장을 돕는 교육적 가치관을 정립하고 더 행복한 가정을 만들어 가는 데 긍정적인 역할을 할 것이다. 부모가 행복해야 아이들도 행복하다. 행복한 아이들, 행복한 부모, 행복한 가정 속에 미래를 꿈꾸며 성장시키는 것이 부모되는 철학의 힘이다.

유튜브의 힘
유튜브에 빠진 우리 아이, 유튜브로 핵인싸 되기

ⓒ 2020·01 씽크스마트

초판 1쇄 2020년 1월 10일 인쇄
초판 1쇄 2020년 1월 15일 발행

김윤수·이상훈·오인화·민선기 지음
김태영 발행
백설희 책임편집

이 도서의 국립중앙도서관 출판예정도서목록(CIP)은
서지정보유통지원시스템 홈페이지(http://seoji.nl.go.kr)와
국가자료공동목록시스템(http://www.nl.go.kr/kolisnet)에서 이용하실 수 있습니다.
(CIP제어번호: CIP2019051625)

원고 kty0651@hanmail.net

도서출판 씽크스마트
서울특별시 마포구 토정로222 (신수동) 한국출판콘텐츠센터 401호
T. 02-323-5609 070-8836-8837 F. 02-337-5608

도서출판 사이다
사람의 가치를 밝히며 서로가 서로의 삶을 세워주는 세상을 만드는 데 필요한
사람과 사람을 이어주는 다리의 줄임말이며 씽크스마트의 임프린트입니다.

씽크스마트 · 더 큰 세상으로 통하는 길
도서출판 사이다 · 사람과 사람을 이어주는 다리

ISBN 978-89-6529-220-3 03190 값 15,000원

유튜브에 빠진 우리 아이,
유튜브로 핵인싸 되기

유튜브의
힘

김윤수 · 이상훈 · 오인화 · 민선기 지음

이 시대의 크리에이터가 되고픈
이들을 위한 친절한 안내서

지금 세계는 4차 산업혁명이라는 큰 흐름과 마주하고 있습니다. 디지털 문명은 하루가 다르게 급변하고 있고 디지털 기술이 우리의 미래를 규정하고 있습니다. 특히 미디어 환경이 완전히 달라졌으며 '유튜브 시대'가 도래했습니다. 유튜브는 너무도 빠르게 우리 사회를 장악하고, 우리의 일상을 변화시키고 있습니다.

특히 어린이에게 유튜버는 선망의 대상입니다. 최근 교육부가 발표한 진로현황조사 결과에 따르면 초등학생 희망 직업 3위가 유튜버로 나타났습니다. 유명 유튜버는 수십, 수백만 팔로워를 이끌고 연예인 부럽지 않은 인기를 누리며, 막대한 수익을 창출하고 있습니다. 이들의 성공을 보고 자란 우리 아이들은 자연스럽게 유튜버 스타를 꿈꾸며 유튜브를 시작합니다. 유튜브 시장은 자본이 필요하지 않으며, 누구나 쉽게 시

작할 수 있기 때문에 진입장벽이 매우 낮습니다. 오죽하면 '나도 유튜브
나 해볼까'라는 말을 습관적으로 내뱉는다고 해서 '유튜브 병'이라는 신
조어가 탄생했을까요.

유튜브는 기존 미디어에서 수용하지 않던 다양한 사람들의 목소리를
담고 있다는 장점이 있지만 자극적이고 위험한 콘텐츠, 허위정보, 혐오
표현 등 위험한 콘텐츠가 추천 알고리즘과 맞물려 문제를 일으키기도
합니다. 이렇게 유튜브의 영향력이 커질수록 부모의 속앓이가 심해지기
도 합니다. 유튜브가 거스를 수 없는 대세라면 유튜브를 비롯한 1인 미
디어를 부정적인 시각으로만 바라보지 말고, 우리 아이들이 유튜브 열
풍 속에서 능동적으로 대처할 수 있도록 가르쳐야 합니다.

《유튜브의 힘》은 1인 미디어를 올바르게 생산할 수 있는 가이드라인
을 제시해주고 있습니다. 그동안 유튜브를 비롯한 1인 미디어의 청소년
이용과 관련해서는 유독 부정적인 시각이 부각돼왔습니다. 《유튜브의
힘》은 우리가 그동안 간과해왔던 긍정적인 면을 상세하게 알려주고 있
습니다. 이 책은 자신의 생각을 건전한 방법으로 표현하고, 정보를 정확
하게 제공하는 콘텐츠를 만드는 과정을 담고 있습니다. 유튜브에 도전
하는 아이들, 그리고 우리 아이들을 어떻게 도울지 막막한 부모들에게
《유튜브의 힘》은 이 시대가 원하는 크리에이터가 되는 방법을 조목조목
짚어주고 있습니다. 우리 아이들이 자신의 꿈을 유튜브를 통해 이룰 수
있도록 돕는 친절한 안내서 《유튜브의 힘》을 꼭 읽어보시길 권합니다.

서울특별시장 박원순

유튜브로 꿈을 키워가고 싶다면

원래 영화감독이 꿈이었던 나. 그러나 내 꿈은 유튜브를 만나면서 훨씬 더 커졌다. 지금 나는 '한국이라는 나라를 전 세계에 뿌리내리게 만드는 영상제작자'라는 가장 오랜 꿈이자 가장 가능성이 없어 보였던 꿈을 현실에서 이뤄가고 있는 중이다. 나에게 있어서 유튜브는 콘텐츠 제작을 넘어서 새로운 예술문화를 만들고 수많은 사람들과 소통하는 일을 가능하게 만들어준, 마법 같은 플랫폼이다.

하지만 다년간 유튜브로 나의 브랜드를 만들어오면서 힘든 일도 많았고 고민되는 지점도 많았다. 그러나 반갑게도 이 책 《유튜브의 힘》에는 내가 유튜브를 하는 동안 알게 되었던 다양한 측면들의 이야기가 모두 들어 있다. 이후 나처럼 유튜브로 꿈을 키워갈 아랫세대들에게는 이 책이 많은 도움이 될 것이라 확신한다. 유튜버가 되려는 당신들에게, 이 책을 추천한다.

킴닥스 스튜디오 대표이자 유튜버, 영화감독 **김다은**

유튜브에 빠진 우리 아이를
유튜브로 구해낸다고요?

김윤수

"우리 아이가 책은 점점 멀리하고 유튜브만 들여다봐요. 걱정돼 죽겠어요. 어떻게 하면 책 좋아하는 아이로 키울 수 있어요?"

"유튜브 보느라 학원 숙제도 제대로 못 하니… 그래서 아이 스마트폰 시간을 조정하는 앱을 깔았는데 그 후로 아이가 말을 더 안 듣네요."

독서 강의를 하러 가든, 유튜브 기획 강의를 하러 가든 학부모 교육을 하러 가면 한결같이 듣는 질문이다. 유튜브만 아니면 우리 아이가 책도 읽고 숙제도 밀리지 않고, 공부도 열심히 할 것 같은데 그놈의 유튜브가 문제다! 어디를 가든 유튜브 이야기는 화제가 된다. 너무 많이 봐서, 하고 싶어서, 구독자 수가 늘지 않아서… 이렇게 유튜브는 막강한 세력으로 우리나라, 아니 전 세계를 강타하고 있다. 세대를 가리지 않고 스마트폰의 작은 프레임 안에 매달려 있는 요즘. 유튜브에 빠진 아이들을 어떻게 유튜브 세상에서 빼낼까만 걱정한다고, 그리고 보지 못하게 한다고 해결이 될까? 통계청 조사에 따르면 만 3~9세까지 스마트폰 이용률은 73.7%, 10대의 스마트폰 이용률은 98.4%에 이른다. 그중 유튜브를 소비하는 시간은 월평균 31시간 35분으로 50대에 이어 2위를 차지했다. 통계에서 보다시피 유튜브 시청을 막는다고 막아지는 것도 아니다. 그렇다면 유튜브 시청을 무조건 막기보다 잘 쓸 수 있도록, 더 나아가 생산자가 되는 방법을 알려주는 것이 훨씬 현명한 방법일 수 있다. 그래서 따져봤다. 생산자가 된 아이의 유튜브가 포트폴리오가 되어 대학 진학, 더 나아가 미래의 직업을 갖는 데 도움이 될 수 있을까? 경기도교육청 꿈의 학교 방송 과정과 유튜브 크리에이터 과정을 진행하면서 우리가 했던 생각들, 이 책은 그런 의문에서 시작되었다. 2011년에 전교생 19명 뿐인 대청도의 한 고등학생이 2년여에 걸쳐 직접 만든 식물도감으로 사교육 없이 미국 명문대에 합격해 온 나라가 떠들썩했다. 아이비리그를 포함한 글로벌 대학은 시험 점수보다 실전 스펙을 갖춘 인재 영입에 사활을 걸고 있다. 우리나라 역시 한 줄로 줄을 세우는 수능 점수보다 다양한 경험을 보는 수시의 비중이 높다. 한국일보의 2018년 7월 25일 기사에 따르면 2019년 학년도 대입 수시 비중이 76.2%로, 역대 최고를 기록했다고 한다. 그렇다면 유튜브는 더 이상 입시 공부의 장애물이 아니라 오히려 입시에 플러스 요인으로 작용하지 않을까. 아이가 좋아하고 잘하는 주제로 유튜브 포트폴리오를 꾸준히 만들면, 식물도감 포트폴리오로 아이비리그에 갔던 학생처럼 글로벌 대학 진학도 어렵지 않을 수도 있겠다. 꼭 대학 진학만을 바라보지 않더라도, 유튜브 크리에이터가 직업이 되는 세상이니 아이에게 생산자로서 기회를 준다면 어떨까.

이 책에서는 포노 사피엔스 시대, 무분별한 영상을 남발하는 유튜버가 아니라 체계적인 기획과 시스템을 구축해 자녀의 퍼스널 포트폴리오 역할을 해낼 수 있는 유튜브 방법을 소개한다.

꿈을 찾아가는 보물상자
유튜브

이상훈

아직도 많은 학부모가 대학은 가야 한다고 생각한다. 아이는 어린 시절부터 내신을 걱정하고 대입은 물론 취업까지 생각한다. 나만의 꿈이 없어진 지 오래되었다. 모든 부모가 그렇지는 않겠지만, 대부분의 부모가 자녀가 하고 싶은 것이 어떤 것인지 궁금해하기보단 어떻게 하면 더 좋은 대학에 보낼 수 있을지를 고민한다.

요즘 중·고등학교에서 강의하면서 학생들에게 가장 많이 듣는 말이 두 가지 있다. "피곤해, 짜증 나." 왜 그런지 물어보면 이유야 다양하지만 가장 큰 원인은 학원이다. 학원 숙제하느라 잠을 못 자서 피곤하고 여러 학원 다니느라 힘들고 짜증이 난다는 것이다. 맞벌이하는 부모 탓에 어쩔 수 없이 여러 학원을 다닐 수밖에 없는 학생들도 있다. 하지만 다른 아이들에게 뒤떨어지지 않을까 걱정하는 부모의 조바심 때문에 학원을 선택하는 경우가 훨씬 많다.

1970~1980년대부터 이어온 학벌 중심 사회, 서열 사회는 없어지지 않았다. 입시 전쟁은 여전히 대물림되고 있다. 최근 크게 인기를 끌었던 〈스카이캐슬〉이라는 드라마를 보면 우리나라 학부모들이 얼마나 대학 입시에 생각 이상으로 집착하고 있는지 간접적으로 느낄 수 있다. 언제까지 자녀들의 불확실한 미래를 이유로 불행한 삶을 강요하고 힘들게 할 것인지 궁금하다. 얼마든지 자신이 좋아하는 것을 찾아가고 그것을 즐기면서도 대학에 갈 수 있고 조금 더 깊이 있는 공부를 할 수 있는 환경이 만들어졌음에도 아직도 입시 전쟁의 문화가 끝나지 않는 대한민국의 현실이 안타깝다.

이런 상황에 대한민국의 교육 문제뿐만 아니라 아이들의 행복을 찾아주는 길이 되길 바라는 마음으로 이 책을 집필하게 되었다. 자신의 꿈을 찾아 열심히 살아가고 있는 우리 청소년들의 미래를 응원한다.

우리 칭찬과 감사를
공유하며 살아요

오인화

책을 쓰면서 가장 좋았던 점이 있다면, 그동안 강의해온 내용을 정리하고 그것을 더 많은 사람과 나눌 수 있다는 점이다. 강의 내용을 정리하면서 나의 강의 자료가 체계적으로 정리되었고 더 많은 부분을 채워 넣어야겠다는 다짐과 반성의 시간도 가질 수 있었다. 강의는 하는 것이 힘들까, 듣는 것이 힘들까? 아직도 공부를 손에서 놓지 못하는 나는 두 가지를 병행하고 있다. 그 측면에서 보면 정답은 강의를 듣는 것이 더 힘들다. 누군가의 말을 집중하여 듣고 기억하고 흡수하는 과정이 얼마나 고되고 힘든 일이던가. 그래서 나의 수강생들도, 이 책을 읽고 있는 독자들에게 존경을 표하고 싶다. 유튜브 역시 보는 것은 몇 번의 터치로 끝날 일이지만, 시작하고 또 꾸준히 하는 것은 정말 힘든 일이기 때문이다.

강의할 때면 유독 기억에 남는 수강생이 있다. 85세의 최고령이지만 한 번도 빠트리지 않고 일찍 오셔서 적극적으로 참여하셨던 수강생, 동생 결혼식 사회를 본다고 몇 번이고 촬영한 것을 주고받으며 피드백에 따라 고치고 또 고쳤던 수강생, 첫날은 떨리는 목소리에 주눅이 들었지만 마지막 날은 그 떨리는 목소리를 부여잡고 먼저 해보겠다며 손을 들었던 수강생, 어려운 발음 퀴즈를 처음이자 유일하게 맞혔던 수강생, 강의 당일 꼭 복습하고 싶다며 늦은 시간까지 강의 자료를 기다렸던 수강생. 모두 첫사랑처럼 생생하면서 설레는 마음으로 내 기억 속에 자리하고 있다. 이들은 모두 '적극성'을 지니고 있다. 그래서 더 마음이 가고 오래오래 기억에 남는다. 그들은 창피함, 부끄러움, 게으름, 포기하고 싶은 마음 등을 이겨내고 자신의 발전에 끊임없이 적극성을 보이며 성장한 분들이기 때문이다.

누군가의 마음을 사로잡고 공감을 얻는 것은 힘든 일이다. 봄이 되면 알콩달콩 사랑 노래가, 여름이 되면 시원한 댄스곡이, 가을이 되면 쓸쓸하고 외로운 이들을 향한 노래나 이별 노래가, 겨울이 되면 캐럴이나 따뜻한 곡이 유행을 탄다. 이는 많은 이들이 공감할 수 있기 때문이다. 이별하면 마치 내가 이별을 한 이야기를 대변해주는 것 같고, 사랑할 때면 사랑을 속삭이는 가사가 내 마음을 대신 이야기해주는 것 같다. 반면 봄의 설레는 사랑 노래 속에 '봄이 좋냐'라며 반기를 드는 노래가 인기를 끌기도 한다. 이렇듯 누군가의 경험과 감정에 그 결이 맞닿으면 사람은 공감하고 마음을 내놓는다. 그만큼 얻기 어려운 공감과 관심은 이 세상에 사람과 사람을, 감정과 감정을 연결하는 중요한 끈이다.

아가들이 자꾸 좁은 곳에 비집고 들어가는 것을 자주 볼 수 있다. 왜 군이 그 좁은 곳을 기어코 들어가는지 이해하기가 쉽지 않았다. 그러나 그 이유를 듣고 무릎을 '탁' 쳤다. 바로 아이들은 좁은 곳에 들어가면 자기가 크다고 느끼기 때문에 안정감을 느낀다는 것이다. 유튜브에 대한 교육도 마찬가지다. 아이들에게 유튜브로 더 넓은 세상을 알려주면 그 세상에 맞게 성장하게 되고, 자신이 더 커졌다는 걸 느끼게 될 것이다. 또한 아이들에게 칭찬과 격려를 적절히 해준다면, 좁은 곳을 찾아 헤매며 자신이 크다고 느끼는 대신에, 자신의 성장에 만족하고 성취하려고 들 것이다. 아이들이 느끼기에 자신이 크다고 느낄 만한 환경을 조성해주는 것은 바로 부모의 몫이다.

경험은 우리의 정체성을 형성한다. 비단 입시를 하고, 이력서를 쓰고, 면접을 보는 과정에서만 자신이 살아온 이야기를 정리하고 내보이는 것이 아니다. 우리가 축적해온 무수한 경험들은 우리가 누구인지 알려주는 것들이다. 경험은 우리의 삶의 가치와 방향을 나타낸다. 그래서 공식적으로 우리의 살아온 이력을 알려달라는 면접, 입시, 취업, 승진 등의 과정과는 별개로 우리의 정체성을 나타내는 경험을 계속 확인하고 정리해나가야 한다. 자신의 가치와 경험이 만나서 우리의 세상이 만들어지기 때문이다. 일명 '자신의 경험 이력서'를 빼곡하게 채워가는 것이 우리의 인생이 아닐까, 그 수단이 유튜브이길 권한다. 시대의 흐름에 맞춰 단순한 텍스트나 기억에 의존하는 것이 아닌, 영상으로 그 기록들을 소중히 간직하길 추천한다.

책을 쓰면서 가장 감사했던 분은 바로 '수강생'이다. 이 책을 쓰도록 영감을 준 사람들이 모두 수강생이기 때문이다. 나는 수업의 특성상 질문과 소통을 통해 풀어나가는 수업을 주로 진행하는데, 그들의 생각들은 내 책의 소중한 자료와 근원이 되었다. 또한 책을 쓸 수 있도록 환경을 조성해준 가족들에게 감사한다. 이 책을 쓰는 일은 나에게 역시 '경험이력서'의 한 줄에 기록될 것이다. 내가 아나운서와 강사가 되어가며 사람들 앞에서 말을 하는 것을 업으로 삼게 된 이유는 많은 사람에게 '긍정적인 영향력'을 미치는 사람이 되고 싶기 때문이다. 그래서 많은 분이 내 이야기를 통하여 긍정적인 경험을 얻길 바란다. 대한민국 사람들이 가장 행복할 때가 '먹을 때'와 '사랑할 때'라고 한다. 결국 사람과 사랑하고, 밥 먹으며 '소통'할 때라는 것인데, 나의 글이 그 소통의 매개가 되길 간절히 소망한다.

Contents

▶ 1 유튜브라는 이름의 바다를 헤매다

1인 미디어 시대, 바로 우리 아이들이 살아갈 세상

▶ 2 당신도 할 수 있다, 유튜브 기획하기

유튜브 성공의 비결, 기승전 기획

▶ 3 이제는 실전이다! 본격적인 유튜브 도전
방송 촬영과 녹화, 언제나 생방송처럼 임하기

▶ 4 유튜브에도 기술이 필요하다
아이 혼자서도 유튜버가 될 수 있다

에필로그

유튜브라는 이름의

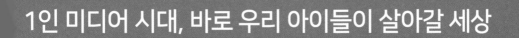

1인 미디어 시대, 바로 우리 아이들이 살아갈 세상

▶ YouTube

글로벌 미디어 트렌드를 알면
아이비리그도 어렵지 않다

한때 강남 초등학생들 사이에서 유행했던 아이비리그 진학법이 있었다. 중학교 이전 진학하고자 하는 전공과 관련된 분야의 책을 쓰는 것이다. 전문성을 검증하고 인정받는 것 중에 책만 한 것이 없기 때문이다. 이런 현상은 과거 지필고사만으로 합격 여부를 판단했던 방식에서 벗어나고 있다는 신호탄에 불과했다.

2011년 서해 섬마을 대청도 한 고등학생이 미국 캘리포니아주립대학교에 입학해 화제를 모은 일이 있다. 이 학생이 다니던 대청고등학교는 인천 연안부두에서 211㎞가량 떨어진 서해5도에 있는 곳으로 전교생이 19명뿐인 학교다. 그 학생이 화제가 된 이유는 단 한 번의 사교육도 받지 않았기 때문이다. 학업 면에서는 '자기주도 학습'으로 공부를 하다 모르는 것이 있으면 선생님께 부탁을 드려 개별 학습을 받은 게 전부였다.

하지만 사교육으로 점철된 대도시의 아이들과 다른 결정적 차별점이 한 가지 있었다. 틈날 때마다 대청도의 산과 들을 누비며 꽃들을 관찰하다 그 과정을 기록했고, 2년이란 시간 동안 공을 들여 '대청도 식물도감'을 완성한 것! 우수한 성적 못지않게 미국 면접관들을 놀라게 한 건 바로 학생이 만든 포트폴리오 '대청도 식물도감'이었다.

이제는 학생의 성장 가능성과 그 가능성을 증명해줄 포트폴리오를 더 중요시하는 시대가 왔다. 포트폴리오의 형태도 시대 상황을 반영해 과거와는 사뭇 달라졌다. 포트폴리오를 만들기 위해 두 손 걷어붙이고 복사하고 출력하고, 결과물을 만들고 제본을 하던 시대는 끝이 났다. 요즘은 모든 기록을 디지털 기기를 통해 SNS로 남기고 있다. 이는 글로벌 미디어 트렌드를 보면 정확히 알 수 있다. SNS 덕분에 우리는 실시간으로 나의 경험치를 기록하고 저장할 수 있다. 과거 정치인, 연예인, 스포츠 스타 같은 유명인만이 가졌던 영향력을 SNS를 통해 평범한 사람이 행사할 수 있는 시대도 왔다. 일명 '핵인싸'라 불리는 사람들이 블로그, 페이스북, 인스타그램, 유튜브를 활용해 유명인 못지않은 인기를 누리고 있는 것이 사실이다. 이제 사진이나 동영상은 온라인상에 있어야 하고 온라인으로 검증되지 않은 활동이나 이력은 더 이상 유효하지 않다. 과거에는 자격증, 학력, 학위나 논문으로 전문성을 인정받았다면 지금은 1인 미디어의 영향력이 전문성을 검증받는 도구로 활용되고 있다. 대입을 준비하는 학생들의 활동 결과도 서류로 검증받는 시대는 지나가고 있다. 그 서류에 작성된 활동을 실제로 했는지, 그에 대한 경험을 말로 어느 정도 표현할 수 있는지, 온라인상에 그 과정이 남겨져 있는지로 평가받는다. 다양한 SNS 매체를 활용해 자신의 표현 능력을 키우고 자신만의 포트폴리오를 전략적으로 잘 관리해야 하는 이유다.

　전 세계 75억 인류 중 대략 40억 이상의 인류가 스마트폰을 사용하고 있는 현시대에 자녀들의 스마트폰 사용을 무조건적으로 차단하는 것만이 답은 아니다. 어떻게 하면 좋은 방법으로 잘 활용할 수 있을지를 가르치고 그 도구들을 활용해 자녀의 미래를 잘 기획하는 지혜가 필요한 순간이다. 공부를 잘하는 것만이 정답이 아니다. 아이비리그든 국내 대학이든 단순 능력 평가를 위한 시험을 중심으로 한 선발에서 벗어나서, 지난 학창 시절 과정의 포트폴리오를 중시하고 또 다양한 방식으로 능력을 검증하고 있기 때문이다.

1인 미디어, 경제·사회는 물론
국경을 넘어 영향력을 발휘하다

블로그에 취미 삼아 시작한 포스팅이 차곡차곡 쌓여서 매출 100억 원대 기업으로 성장하는 시대, 단 한 번도 미국에 가보지 않아도 빌보드 차트에서 1위를 할 수 있는 시대, 사진이나 영상 몇 개로 전 세계에 자신의 이름을 알릴 수 있는 시대! 우리는 국경을 넘어 영향력을 발휘하는 1인 미디어 시대에 살고 있다. 처음에는 소소하게 자신의 일상을 업로드하고 기록하는 콘텐츠의 하나로 여겨졌던 1인 미디어가 수익과 영향력을 갖출 수 있는 중요한 도구로 성장하고 있다.

싸이의 '강남스타일'은 전 세계 많은 사람에게 유튜브의 영향력이 얼마나 대단한지 보여주었다. 반대로 유튜브 또한 '강남스타일' 덕을 보기도 했다. 싸이의 말춤과 뮤직비디오를 보기 위해 유튜브를 처음 접하는 사람들도 많았기 때문이다. 또한 더 이상 콘텐츠의 국경이 따로 있지 않다는 것과 그 영향력이 상상 이상으로 대단하다는 것을 세상에 보여주었다. 73세 유튜버 박막례 할머니를 만나기 위해 유튜브 CEO 수잔이 한국을 방문했고, 박막례 할머니가 미국을 방문했을 때에는 미국 사람들도 쉽게 만날 수 없는 구글 CEO가 직접 할머니를 찾아왔다. 평범한 할머니가 유튜버로 활동하면서 더 이상 일반인이 아닌 유명인으로 큰 영향력을 갖게 된 것이다.

텍스트와 이미지에서 동영상 시대로

필자는 SNS 유튜브 강의를 할 때마다 '이상훈 소장'을 검색해보라고 요청한다. 연령대에 따라 자신이 주로 활용하는 SNS 도구는 다른데, 다수의 30~40대 이상 수강생은 주로 포털에서 검색하는 것을 확인할 수 있었다. 하지만 10~20대의 결과는 완전히 다르다. 자연스럽게 유튜브로 '이상훈 소장'을 검색한다. 과거 국회도서관에 자료를 찾기 위해 드나들던 사람들은 인터넷의 발달을 통해 발품을 전혀 팔지 않고도 포털 검색으로 원하는 자료를 찾을 수 있다. 하지만 이 자료들은 대부분 텍스트와 사진을 기반으로 한 자료였다. 요즘은 손가락과 스마트폰만 있으면 텍스트 자료뿐만 아니라 동영상 자료도 쉽게 찾을 수 있다. 사정이 이렇다 보니 단순히 텍스트와 이미지로 정보를 취하던 방식에서 이제는 모든 정보를 영상을 통해 얻는 시대로 변화하고 있다. 운동을 배우고 요리를 하고 악기를 다루는 것을 영상으로 배우는 것은 이제 흔한 일이다. 혼자 머리 손질하기, 자동차 라이트 교체하기를 비롯한 전문성이 필요한 부분까지도 영상 콘텐츠로 손쉽게 해결 가능한 환경으로 변화하고 있다.

특히 10대 전후의 어린이 소비층의 변화가 두드러진다. 영상을 통해 학습하고 정보를 취하는 것에 아주 익숙하다. 태어날 때부터 IT 세상이었으니 관련 주변 기기는 물론 다양한 애플리케이션을 다루는 능력도 뛰어날 수밖에 없다. 4~7세가 타깃이었던 유튜브 방송 '캐리와 장난감 친구들'에서 우리는 이 사실을 어렵지 않게 확인할 수 있다. '뽀롱뽀롱 뽀로로'의 조회 수를 뛰어넘는 인기를 누렸던 방송인 '캐리와 장난감 친구들'을 본 아이들은 유치원과 어린이집에서 만난 아이들과 관련 정보를 교환한다. 일부 부정적인 문제들을 고민하며 영상 콘텐츠 자체를 차단하는 부모들도 있지만, 그렇게 하기에는 IT 기기와 영상 콘텐츠가 벌써 어른들의 일상은 물론 어린이들의 일상생활 속에 너무 깊숙이 자리 잡고 있다.

세계는 지금 유튜브 전성시대

스마트폰이 2009년 처음 대한민국에 상륙한 이후 불과 10년밖에 안 되는 현재, 우리의 일상을 참 많이 변화시켰다. 단순 검색으로 찾을 수 있는 정보는 굳이 외우거나 별도의 기록을 하지 않아도 바로 찾아서 사용할 수 있게 됐다. 사실 영상 콘텐츠를 지금처럼 마음껏 보게 된 것도 몇 년 되지 않았다. 데이터 사용료에 대한 표준 방식이 선정되고 데이터 무제한 요금제와 무료 와이파이 존이 대중화되면서 현재 상황으로 발전하게 된 것이다. 가끔 해외에 나가면 그 나라의 공항에서조차 무선 인터넷이 잘 되지 않아서 고생한 경험이 있을 것이다. 우리나라처럼 무선 인터넷 환경과 IT 활용 환경이 좋은 나라가 많지 않다. 이런 이유에서라도 유튜브는 무한한 성장 가능성을 갖고 있다. 지금 시작하면 늦다고 생각하는 사람들이 많지만, 2018년 기준 하루 방문자 수 3,000만 명의 통계에서 알 수 있듯이 아직 유튜브는 늦지 않았다. 전 세계 하루 사용 시간은 10억 시간이라는 통계도 있다. 구독 버튼을 한 번도 눌러보지 않은 사용자가 더 많고 계정에 로그인하지 않는 사용자도 많다는 것을 보면 유튜브의 가능성은 무한하다고 할 수 있다.

새롭게 등장한 팬덤 경제의 힘

크리에이터 영향력이 곧 돈이다. 아직도 많은 사람이 잘 이해할 수 없는 온라인상의 행위가 있다. 바로 아프리카TV의 별풍선, 유튜브의 슈퍼챗, 트위치의 도네이션이다. 실시간 영상 콘텐츠를 소비하면서 크리에이터에게 현금을 후원하고 송금하는 시스템이다. 광고를 보기 싫어서 유료 회원으로 전환하는 경우는 어느 정도 이해해도, 돈을 보내는 행위는 아직 이해하기 쉽지 않다는 분위기다. 그런데도 크리에이터들의 영상 콘텐츠를 소비하면서 만족하고 라이브 방송에서 후원하는 문화가 새롭게 자리 잡고 있다. 단순히 돈을 후원하는 것 말고도 크리에이터의 말과 행동에 따라 특정 상품의 판매량이 증가하거나 소비되는 사례도 늘어나고 있다. 일명 협찬이라는 방식뿐 아니라, 크리에이터의 라이프스타일을 따라 하고 영상에서 사용하는 상품을 검색하고 구매하는 행위가 빈번하게 이루어지고 있다. 그 이상 발전한 것이 유튜버 굿즈의 등장이다. 우리가 일반적으로 알고 있는 굿즈는 유명 연예인과 인기 캐릭터 이미지가 있는 상품들이지만, 이제는 1인 미디어를 활용하는 일반인과 크리에이터들을 통해서도 생산되고 소비한다. 이 또한 유튜브의 영향력을 보여주는 좋은 예다. 영상 콘텐츠 소비자는 단순히 영상만을 소비하는 것이 아니라 팬으로 성장하고 팬덤을 형성한다. 크리에이터의 영향력으로 물건을 사고 소비하는 경제구조가 발전하게 된 것이다. 이런 현상을 '팬덤 경제'라고 한다. 팬들이 크리에이터에 대한 신뢰를 바탕으로 팬심이 형성되면 크리에이터를 따라 하고 소비하는 방식을 말한다. 이제 시작에 불과한 크리에이터의 영향력은 국경을 넘어 지금보다 앞으로 더 큰 힘을 발휘하게 될 것으로 예측된다.

▶ YouTube

스마트폰만 달고 사는 우리 아이,
미래가 없다? 포노 사피엔스가 답이다

스마트폰 '늪'에 빠진 아이들… '팝콘 브레인' 될 수도

세계일보 (A2면 1단, 2019.5.15.)

청소년 20만 명 스마트폰·인터넷 '과의존 고위험군'

국민일보 (2면 1단, 2019.5.14.)

스마트폰 달라 떼쓰는 영유아…
"하루 1시간 이상 보면 발달 장애 위험"

한국경제 (A20면 1단, 2019.05.17.)

'청소년'과 '스마트폰'이라는 키워드를 넣고 검색한 결과다. 사회는 스마트폰의 사용이 만연한 것을 반기지 않는 분위기다. 어른들이 보기에는 대중교통에서, 책상에서, 거실에서, 심지어 밥상머리에서 스마트폰

을 들여다보는 아이들이 아주 불편하다. 《포노 사피엔스》(최재붕 지음, 쌤앤파커스, 2019)에서는 그 이유를 유교 문화가 깊이 뿌리내린 우리 사회 특성상 젊은 세대가 만든 새로운 변화에 적응하기보다는 어른 세대의 기존 체계를 유지하려는 경향이 강하기 때문이라고 말한다. 그러다보니 스마트폰 때문에 기업이 파괴되고, 스마트폰 때문에 인간관계가 얇고 피폐해지는 것이고, 스마트폰 때문에 집중력과 일상 등을 놓치는 것 같은 부작용만 주목받는 현상이 발생한다.

앞서 말한 우려되는 부작용도 있지만, 반면에 순기능도 분명 존재한다. 스마트폰은 우리 일상에 깊숙하게 침투되어 많은 편리함을 제공한다. 은행 업무는 대부분 스마트폰으로 해결할 수 있어 80% 이상이 자동화 기기와 인터넷으로 이루어지고 있다. 백화점이나 대형 할인점 매출은 떨어져도 온라인 쇼핑을 하는 사람은 급격히 늘어나 연 매출 100조 원을 돌파했다. 우리나라 지상파 방송사 광고 시장은 10년 사이 무려 반 타작이 나는 동안 유튜브에는 광고하겠다는 사람이 넘쳐나는 것이 현실이다. 이 모든 원인은 아주 명확하다. 바로 스마트폰 때문이다. 이 흐름은 막으려 해도 막을 수 없는 대세의 물결이다. 전 세계 36억 명의 인구가 스마트폰을 사용하고 있고 2022년에는 전 인류의 80%가 스마트폰을 사용할 것이라고 하니 스마트폰 문명은 거부할 수 없는 혁명이다. 피할 수 없다면 즐길 방법은 무엇일까? 그것은 바로 '포노 사피엔스'다. 이는 2015년 3월, 영국의 대표 대중매체 〈이코노미스트〉에서 기재한 '스마트폰의 행성'이라는 기사에서 '포노 사피엔스'의 시대가 도래했다고 한 것에서 비롯되었다. '포노 사피엔스'는 '지혜가 있는 스마트폰을 쓰는 인간'이라는 뜻이다. '시공간의 제약 없이' 소통할 수 있고, 정보 전달이 빨라져 '정보 격차'를 해소할 수 있다는 것이 큰 매력이다.

우리 앞에 다가온 이 혁명의 시대를 준비해야 하는 방법은 사실 간단하다. 바로 '사람'이다. 포노 사피엔스 문명의 가장 큰 특징은 '소비자' 중심이다. 사람의 마음을 헤아리고 배려하며 설득할 수 있는 능력을 갖추어야 성공하는 인재가 되고, 사람의 마음에 감동을 줄 수 있어야 성장하는 조직이 되고, 소비자를 진심으로 생각하는 마음이 담겨야 성장하는 기업이 될 수 있는 시대다. 그러기 위해서는 정보가 필요하고, 정보 선택권을 쥔 인류가 신권력으로 부상하는 것이다. 청소년들은 실시간으로 구글, 위키피디아, 유튜브 등에 넘쳐나는 정보를 자기 것처럼 활용할 수 있다. 또한 이 많은 정보는 대규모 복제로 변화할 수 있으니, 지식의 확산 속도와 범위는 무궁무진하다.

이제는 선택해야 할 시간이다. 스마트폰의 무시무시한 부작용만을 엄청나게 떠들며 멀리해야 한다고 설파할 것인가, 그 거대한 흐름을 받아들일 것인가. 호모 사피엔스의 '사피엔스'는 '슬기로운'이라는 뜻으로, 현생 인류가 '슬기로운 생각'을 할 수 있기에 붙인 이름이다. 부작용이 존재하면 반대급부로 순기능이 존재하기 마련임을 명심해야 한다. 지금의 변화에 불편함을 토로하며 불평을 해봤자 달라지는 것은 없다. 지금의 변화에 기회를 실어 우리 아이의 꿈을 펼칠 수 있게, 우리 아이가 성장할 수 있게 도와줄 수 있다면 얼마나 좋을까?

열다섯 살인 한 학생은 유튜브를 통해 수어를 배우기로 했다. 친구들이 수학학원, 영어학원, 예습과 복습으로 바쁜 시기에 왜 수어를 배우냐고 할 수도 있다. 그렇지만 이 친구는 방학 기간에 유튜브를 통해 수어를 마스터했다. 그래서 농인인 친구들과 자유롭게 소통하고 공감하고 대화할 줄 아는 사람이 되었다. 청소년 교육을 하다 보면 '꿈'에 대해 말을 할 때 한정된 것들이 나온다. 그 이유는 청소년 수준에서 할 수 있는 경험들이 너무나도 갇혀 있기 때문이다. 학원, 가족, 방학, 친구, 학교 등 정해진 곳에서 겪는 경험의 결과로는 다양하고 열린 꿈을 갖기란 쉽지 않다. 나조차도 유튜브를 통해 영어와 역사 등을 배우고, 심지어 패션이나 부동산처럼 접하기 어려운 정보들도 얻고 있다. 유튜브는 세상 그 자체다.

인생의 낭비라던 SNS에는 긍정적이든 부정적이든 많은 이들의 꿈과 삶이 담겨 있다. 누군가는 자기 일을 홍보하고, 누군가는 자신의 여행과 먹은 것을 공유하고, 누군가는 자신의 부를 자랑한다. 우리 아이는 이렇게 스마트폰으로 삶의 다양성에 노출되고 신문명이 만드는 새로운 언어 체계도 적극적으로 학습하고, 많은 양의 데이터도 축적하게 될 것이다. 이렇게 형성된 지식을 기반으로 넓은 세상을 무대로 하여 자신의 지식과 능력을 확대 재생산하고 열린 꿈을 갖게 될 것이다. 그리고 그 꿈을 키울 수 있는 무대를 만들 수도 있다. 포노 사피엔스 시대! 이 중심에는 '사람'이 있다. 그 사람은 다름 아닌 '나'이고, '우리 아이'이며, '세상'이다.

입시 전문가는 유튜브를
어떻게 진단하고 있을까

유튜브가 in 서울의 기본 포트폴리오가 될 수 있다

'사람은 서울로 보내고 말은 제주로 보내라'는 옛말처럼 여전히 학생들은 'in 서울'을 외치며 서울 소재 대학을 선호하고 있다. 부모 역시 어떻게든 좋은 대학에 보내기 위해 정신적, 물질적 투자를 아끼지 않는다. 미디어에서 4차 산업혁명 시대라고 아무리 떠들어도, 교육부에서 학원 운영 시간을 제한하고 사교육을 축소하기 위한 수많은 노력을 기울여도 달라진 것은 거의 없다. 그렇다고 예전만큼 좋은 대학을 나왔다고 기회가 많다거나 원하는 직업을 찾고, 원하는 삶을 사는 것은 아니다. 대입의 사회적 분위기만큼은 여전히 1980~1990년대와 별반 다르지 않다. 그나마 다행인 것은 단순히 대학 입학시험 성적만으로 등급을 나누고 그 결과로 학생을 선발하던 방식에서 수시전형 중심으로 입시제도가 바뀌고 있다는 것이다. 수시전형의 경우 학생 종합기록부의 내신은 기본이고, 봉사 활동부터 다양한 경험을 포함한 기타 활동을 높게 평가하고 있다. 학생의 경험과 재능을 조금 더 중요하게 평가하는 입시제도가 자리를 잡아가면서 포트폴리오의 중요성도 더욱 부각되고 있다. 짧은 시간 동안의 면접과 학생부 서류 내용만으로 학생을 선발하는 것은 한계가 있기 때문에 조금 더 차별화된 포트폴리오 전략이 필요하다. 기존의 포트폴리오보다 차별화된 포트폴리오가 바로 영상 포트폴리오다.

향후 대학입시제도의 방향과 포트폴리오, 특히 영상 포트폴리오에 대한 견해를 중심으로 서울 강남 소재 현직 고등학교 고3 교사의 서면 인터뷰를 진행했으며, 그 내용을 간추려보았다.

향후 대학입시제도의 방향과 영상 포트폴리오

> Q1. 대학에서 수능보다 수시 전형 비율을 높이고 있는데 그 이유가 어디에 있다고 생각하십니까?

대학에서는 우수하고 잠재력 있는 학생들을 모집하고 싶어 합니다. 수능시험은 학업 역량의 기준만을 가지고 줄 세우기 방법으로 학생들을 선발하는 방식입니다. 하지만 수시모집에서는 대학별로 자신들이 원하는 인재상에 맞는 학생들을 선발할 수 있는 자율성이 부여되기 때문에 대학에서는 수시전형을 절대 포기하지 않을 것이라고 예상합니다. 그러나 계속 증가해오던 수시모집의 추세는 최근 다소 주춤하고 있습니다. 2020 대학 입시의 경우 전국적으로는 정시 비중이 20%, 수시 비중이 80% 가까이 되지만, 범위를 서울 지역으로 좁혀보면 정시 비중이 30% 정도로 매년 조금씩 늘고 있습니다. 교육부의 권고 사항 등으로 미루어볼 때 향후 정시 비중은 조금씩 증가할 가능성이 높으나 대략 30% 내외로 정해질 것으로 예상합니다.

> Q2. 학교마다 다르겠지만 수시전형의 핵심, 수시전형에 합격하려면 무엇을 준비해야 할까요?

많은 학생이 수시전형에서 가장 중요한 부분은 학교 내신 성적이라고 생각하는 것으로 보입니다. 물론 전국 대학의 수시전형에서 교과전형이 50%가 넘기 때문에 내신 성적이 높으면 대학 진학 가능성이 높아지는 것은 사실입니다. 그러나 마찬가지로 서울권, 조금 범위를 넓혀 수도권 대학으로 제한할 경우 수시전형에서 가장 비중이 높은 전형은 학생부 종합전형입니다. 2020 입시의 경우 학생부 종합전형 비중은 서울 주요 3개 대학 57.6%, 서울 15개 대학 44.8%, 서울 전체 대학 38.7%로 학생부 종합전형의 비율이 절대적이라는 것을 확인할 수 있습니다.

서울권 주요 대학을 목표로 하는 학생들의 경우 내신 성적 관리와 더불어 학교생활 기록부(학생부)를 관리합니다. 생활기록부(생기부)는 학교생활의 충실도를 보여주는 대표적인 기준이 되고 있습니다. 성실함과 인성(출결, 종합의견) / 창의적 체험 활동(진로, 동아리, 자율, 봉사 활동)과 독서 활동 / 과목별 및 개인별 세부 능력 및 특기 사항(대체로 수업과 관련된 부분) 등 크게 세 분야로 나누어 생각해볼 수 있습니다. 학생부 종합전형을 준비하는 학생들은 각 분야별로 꼼꼼하게 관리합니다.

특기자 전형을 제외하면 대학에 직접 자신의 포트폴리오를 제출하는 경우는 없습니다. 그러나 생기부에 기재되어 있는 모든 내용에 대해 자신만의 포트폴리오를 만들어둔다면 학생부 종합전형을 대비하는 데에 큰 도움이 될 것입니다.

포트폴리오를 따로 준비한다기보다는 생기부에 다양한 내용이 기재될 수 있도록 노력하는 것이 좋습니다. 최근 대학에서 가장 중요하게 보는 부분이 바로 과목별 세부 능력 및 특기 사항(세특)이라고 할 수 있습니다. 수업 시간에 했던 활동, 특히 수행평가와 관련된 내용이 과목별 세부 능력과 특기 사항에 주로 기록됩니다. 그래서 이와 관련한 포트폴리오를 준비해두는 학생들을 종종 찾아볼 수 있습니다.

Q4. 과거 포트폴리오가 문서 중심이었다면 앞으로는 영상 중심의 포트폴리오가 유리할 수도 있을 텐데, 그 부분에 대해서는 현직 교사로서 어떻게 보고 계십니까?

포트폴리오의 매개가 문서냐 영상이냐 하는 것보다 중요한 것은 담고 있는 내용(콘텐츠)의 질과 양이라고 생각합니다. 본인이 학교 수업 시간이나 창의적 체험 활동(창체)에서 한 내용을 영상으로 기록해둔다면 엄청나게 훌륭한 양질의 자산이 되리라고 봅니다. 또한 영상 자료를 활용하여 수업 시간에 진행되는 수행평가에 참여한다면 과목별 세부 능력 및 특기 사항의 내용을 남과 다른 자신만의 장점으로 승화시킬 수 있을 것입니다. 물론 현직 교사로서 내용보다는 제시 방법이나 포장에만 신경 쓰는 경우도 종종 볼 수 있습니다만, 결국 대학에서 원하는 인재는 단순한 영상 활용이 아닌 그 안에 담고 있는 내용을 통해 걸러질 수 있다고 봅니다.

학생부 종합전형에서 4가지 평가 영역

1. 학업 역량 (내신 성적, 수상기록, 과목별 세특 등)

2. 전공 적합성 (창체, 과목별 세특 등)

3. 발전 가능성 (창체, 과목별 세특 등)

4. 인성 (종합 의견)

대학별로 위 4가지 영역에서 비중을 두고 있는 부분이 조금씩 차이가 있으며 이는 대학별로 발행되는 학생부 종합전형 기본계획을 통해 확인할 수 있다.

12년간 제도권 교육을 받는 동안 학생부 안에서 보여줄 수 있는 것만으로는 제대로 된 평가를 할 수 없다. 결국 조금 더 차별화된 포트폴리오의 경쟁력이 필요하다. 학생부에서 보여줄 수 없는 학생의 장점과 능력을 보여주는 것이 수시전형의 핵심이라면 앞으로 포트폴리오의 중요성은 더 강조될 수밖에 없다. 서울에 있는 대학의 경우 학생 수가 줄어들면서 능력 있는 학생을 더 많이 유치하기 위해 그 이상의 것을 준비하고 쌓아온 학생들을 찾고 있다. 그렇다면 기존 문서와 이미지 중심의 포트폴리오에서 벗어나 내용의 질과 양이 우수한 영상으로 제작한 후 유튜브를 활용하는 방식은 기존의 포트폴리오보다 우수하게 평가받을 수밖에 없다.

입시 전문가들이 진단한 아이비리그와 유튜브 포트폴리오

우리나라는 대학 진학을 목표로 하는 학생들도 많지만, 국내에 국제학교가 늘어나면서 최근에는 외국 대학을 목표로 공부하는 학생들도 늘고 있다. 과연 해외 유수의 대학, 특히 아이비리그 대학들은 어떤 기준으로 학생을 선발하고 있는지 현직 국제학교 교사의 서면 인터뷰도 공개하고자 한다.

> Q1. 현재 우리나라에서 아이비리그에 지원하는 학생들은 어떤 준비를 하고 있습니까?

아이비리그에서는 기본이 탄탄하며 성실하고 자신의 대학이 추구하는 인재상에 부합하는 우수한 학생을 선발하려고 합니다.

우선 AP(Advanced Placement)입니다. 지원하는 학생들은 각 대학이나 전공에서 요구하는 선수 교과를 이수해야 합니다. 이것은 자신이 희망하는 대학, 학과에 따라 차이가 있어 특정 지어 말하기는 어렵지만, 아래 그림을 참고하면 도움이 될 것입니다. 무엇보다 국어, 수학, 사회, 과학 같은 내신 성적(GPA)을 탄탄하게 다져놓는 것은 매우 중요합니다.

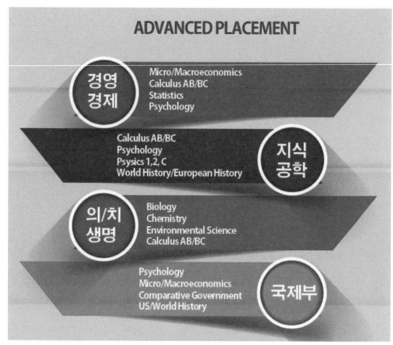

ADVANCED PLACEMENT

경영 경제
Micro/Macroeconomics
Calculus AB/BC
Statistics
Psychology

Calculus AB/BC
Psychology
Psysics 1,2, C
World History/European History
지식 공학

의/치 생명
Biology
Chemistry
Environmental Science
Calculus AB/BC

Psychology
Micro/Macroeconomics
Comparative Government
US/World History
국제부

각 전공과 관련된 일반적인 AP

또한 미국 명문 대학들은 SAT 점수를 의무적으로 제출하도록 하는 곳이 대부분입니다. 때문에 SAT 논리력시험(SAT Reasoning Test)과 SAT 과목시험(SAT Subject Tests)이 있습니다. 일반적으로 우리나라 대학수학능력시험과 같은 의미로 사용되는 SAT 논리력시험이 바로 이것입니다. 에세이 등을 함께 준비하는 것은 매우 중요합니다. 특정한 영역에서 우수한 학생을 선발하려고 하지 않고 전체적인 평가 절차(holistic procedure)로 선발하려 한다는 것이 매우 중요합니다.

SAT 각 영역

	New SAT		Old SAT
과목	Evidence-based Reading	Critical Reading (67문제, 70분)	지문기반(55문제, 65분)
		Writing	Grammar(49문제, 60분)
		독해/문법(44문제, 35분)	Essay(1문제, 25분)
선택과목	Math(57문제, 80분)		Math(54문제, 70분)
	Essay(1문제, 50분)		없음
시험시간	3시간(Essay선택 시 50분 추가)		3시간 45분
총점	400~1,600점		600~2,400점

마지막으로 음악 활동이나 스포츠 활동, 봉사 활동 등을 꾸준히 하는 것이 중요합니다. 아이비리그를 준비하는 대부분의 학생은 단순하게 운동을 하고 악기를 연주하는 활동으로 그치는 것이 아니라, 그 활동을 통해 재능기부 등의 봉사 활동이나 연합 학술제 개최 등을 통해 자신의 진로를 스스로 찾고 개척해나가고 있다는 미래지향적인 다양한 활동 등을 준비하고 있습니다. 대학에서 원하는 인재상이 모두 다르기 때문에, 그 밖에도 다양한 영역에서 그 인재상에 부합하는 준비를 하는 것이 필요합니다.

Q2. 아이비리그에 가기 위해서 초등학생 때부터 영어를 비롯해 학업 준비도 하지만 포트폴리오에 매우 많은 공을 들이고 있습니다. 학교마다 다르겠지만 평균적으로 어떤 포트폴리오를 원하는지요?

학교 특성에 따라 원하는 포트폴리오는 다양합니다. 성적을 제외하고 30%

정도의 비중을 차지하고 있는 것이 과외 활동(extracurricular activities)과 봉사 활동 경험(volunteer experience)입니다. 과외 활동은 교육과정 외 활동이라고 할 수 있는데, 특히 스포츠 활동과 음악 활동 그 밖에 동아리 활동 등을 뜻합니다. 특히 미국에서는 전인 교육을 매우 강조하고 있기 때문에 학업 성적만 우수한 학생보다 우수한 학업 성적을 바탕으로 특성화 활동을 다양하게 하는 학생을 매우 중요하게 생각합니다. 따라서 스포츠 및 음악, 동아리 활동을 지속적이고 체계적으로 하고 있다는 것을 준비하도록 하며, 그것이 재능기부 등으로 이어져 자연스럽게 봉사 활동으로 연결되고 있다는 것을 기록해두면 좋습니다.

> Q3. 이제는 텍스트와 이미지보다 영상을 선호하는 시대입니다. 그런 까닭에 기존 텍스트와 이미지 중심의 포트폴리오보다 영상 포트폴리오(일회성이 아닌 몇 년간 학생의 활동이 누적된)가 더 주목 받을 것 같은데 어떻게 보십니까?

최근 미디어와 네트워크의 발달로 유튜버 시대가 열렸습니다. 많은 사람, 그 중에서도 유행에 매우 민감하게 반응하는 학생들은 이러한 영상을 접하는 것이 일상이 되고 있습니다. 따라서 영상으로 무엇을 제작한다는 것은 매우 고무적인 일이라고 할 수 있습니다.

우선 텍스트나 이미지 중심의 포트폴리오는 신뢰성과 진정성 면에서 다소 떨어진다고 말할 수 있습니다. 우리나라의 입시만 보더라도 대부분 사교육의 도움을 받아 생활기록부를 작성하고 이력을 관리받는 경우가 많습니다. 그러나 본인의 활동이나 노력을 직접 영상으로 촬영해놓고, 그것을 토대로 자신의 목적에 맞게 편집하여 영상으로 포트폴리오를 작성해 제공한다면 위에서 언급한 신뢰성과 진정성 면에서 크게 인정받을 수 있을 것 같습니다. 또한 영상을 촬영하기 위해서는 다양한 준비(조명, 대본, 촬영 배경 등)가 필요한데 이러한 준비를 체계적으로 하고, 전체적인 영상을 촬영하는 것도 큰 공부가 될 듯합니다. 또한 지속해서 촬영하고 편집하는 것 역시 성실성과 시대적 감각을 자연스럽게 인정받는 활동이 될 것 같다는 생각이 듭니다. 앞으로 이러한 영상 포트폴리오를 기대해볼 만한 이유라고 할 수 있습니다.

> Q4. 지원한 학생들 간 학업 성적이 동일하다고 봤을 때 유튜버 활동을 한 학생은 어느 정도 전문성을 인정받을 수 있을까요?

그것에 대해서는 객관적으로 수준을 구분하기가 어렵습니다. 하지만 분명한 것은 유튜버 활동을 해나간 '콘텐츠의 질'과 '콘텐츠의 지속성'이 그 전문성을 결정하는 중요한 요인이 될 수 있습니다. 단순하게 영상을 촬영하고 많은 구독자를 확보하는 것도 중요하지만, 어떤 내용을 토대로 구독자에게 공감을 얻고 활동을 해왔느냐를 살펴본다면 그 전문성을 인정하는 데 큰 기준이 될 것입니다. 특히 콘텐츠를 자신이 지원하고자 하는 진로와 연관 지어 지속해서 개발하고 노력한 흔적이 발견된다면, 유튜버로서 활동한 내용이 학업 성적 못지않게 중요한 판단 기준으로 작용하리라 생각됩니다.

우리는 지난 수십 년 동안 기존 제도권 안에 정형화된 교육을 통해 자신의 적성과 상관없이 성적에 맞춰 대학에 진학하고, 그 후 진로를 정하는 방식의 부작용을 너무 많이 봐왔다. 이제는 우리가 달라질 차례다. 최신 트렌드에 맞게 유튜브에 저장해놓으면 어떨까? 스마트폰 이후 인류의 의식주 문화가 순식간에 바뀐 것처럼 곧 영상 포트폴리오가 대세가 될 날이 올 것이고, 이미 국내외 유수의 대학에서는 그 과정을 주목하고 있다.

아이의 포트폴리오를 만들어주는
유튜브의 힘

디지털혁명 시대에 포트폴리오 전략을 어떻게 짤 것인가

많은 사람이 4차 산업혁명을 외친다. 하지만 4차 산업혁명이라는 말은 잘못된 말이다. '생산자 중심의 산업사회는 막을 내리고 소비자 중심의 디지털혁명 시대가 다가왔다'는 말이 더 정확한 표현이다. 더 이상 생산자가 일방적으로 만들어낸 것을 소비하는 시대가 아니다. 내가 아닌 누군가가 원하는 포트폴리오를 생산하는 것이 아니라, 세상에 하나밖에 없는 나만의 포트폴리오를 만드는 것이다. 결국 아이가 하나씩 만들어갈 유튜브 영상은 평생 아이의 역사 기록으로 남을 것이다. 그 모든 과정이 아이가 도전하고 경험한 것으로 채워지고 텍스트와 이미지가 아닌 영상으로 포트폴리오가 만들어진다. 더 이상 경력을 조작하거나 만들 수 있는 시대가 아니다. 생생한 영상으로 남겨진 포트폴리오를 선호하고, 과거의 포트폴리오와 차별화된 영상 포트폴리오를 보유한 사람과 그렇지 않은 사람의 차이는 점점 벌어지게 될 것이다.

아이에게 도움이 되는 유튜브 포트폴리오 만들기

포트폴리오를 대부분 학교나 회사 입사지원서와 자기소개서를 조금 더 효율적으로 표현하기 위한 목적으로 제작하다 보니 많은 사람이 스트레스를 받고 쉽게 제작하지 못한다. 하지만 생각을 조금만 바꾸면 아주 재미있게 시작하고 즐길 수 있는 도구가 된다. 그냥 아이가 좋아하는 분야를 찾아간다고 생각하고 하고 싶은 것을 정리해나가도록 하면 된다. 보물 지도를 가지고 보물을 찾아가는 것과 비슷하다. 찾아가는 과정에서 생각지 않은 더 큰 보물을 찾을 수도 있다는 기대를 해도 좋다. 짧은 시간을 준비하는 포트폴리오는 쉽지 않지만, 장기간 멀리 보고 준비하는 포트폴리오는 얘기가 다르다. 게임 미션을 클리어하듯이 하나하나 차곡차곡 쌓아가는 재미가 있다. 그렇게 쌓아가는 동안 작은 성취감도 느낄 수 있고 더 큰 도전을 하기 위한 에너지를 얻기도 한다. 처음에 생각했던 것 이상으로 큰 결실을 볼 수 있는 과정인 만큼 다양한 도전과 경험을 기록해보는 것이 중요하다. 당장의 결과를 위해 조급하게 만들어지는 포트폴리오가 아닌 만큼 당연히 즐거울 수밖에 없다.

물론 아이들이라 처음 시작이 막막할 수 있다. 포트폴리오라는 거창한 이름을 내밀면 더 움츠러들 수밖에 없다. 그럴 땐 아이가 가장 좋아하는 것, 가고 싶은 곳, 먹고 싶은 것, 잘하는 것 등등 버킷리스트를 작성하듯이 적어 내려가보게 한다. 지켜보는 부모 역시 자신의 것을 함께 써 내려가본다. 그리고 그중에 지금 당장 아이 스스로 도전할 수 있는 것들을 먼저 체크해본다. 생각만으로도 즐거울 수밖에 없다. 상상해보라! 가장 좋아하는 시간을 좋아하는 곳에서 보내고 있는 내 모습을 상상하는 것만으로도 행복할 것이다. 아이의 체크가 가장 많이 표시된 것! 바로 그것이 아이의 포트폴리오 첫 번째 아이템이다.

포트폴리오에 최적화된 매체, 유튜브

기존의 포트폴리오는 아이의 성장 과정을 담은 결과물이었다. 그러나 매체 특성상 포트폴리오를 접하는 시장의 반응은 담을 수 없었다. 그 한계를 보완한 것이 바로 유튜브다. 업로드된 영상을 구독하는 구독자의 수와 반응, 구독자의 좋아요, 댓글로 남겨진 피드백은 단순한 포트폴리오가 아닌 살아 있는 결과물이 된다. 단순한 텍스트와 이미지로 작성된 포트폴리오가 줄 수 있는 스토리 외에 시장 현실을 반영한 포트폴리오가 탄생하는 것이다. 철저하게 검증된 정보와 시장의 반응이 그대로 녹아든 포트폴리오는 당연히 요구하는 어느 곳에 제출하더라도 결과에서 확연한 차이가 날 수밖에 없다. 구독자 수천에서 만 명 이상의 채널을 운영하는 유튜버라면 충분히 시장 검증이 끝났다고 판단해 더욱 신뢰할 수 있을 것이다. 유튜브는 그 자체만으로 영향력을 갖춘 자료가 된다는 의미다. 특히 대학에 입학할 때와 회사에 입사할 때 어떤 경쟁과도 차별화된 성과를 낼 수 있는 도구가 될 것이라 장담한다.

쌓여가는 유튜브 포트폴리오, 그 과정의 힘!

대다수 성공한 유튜버의 공통된 특징 중 하나는 매주 1~2편의 영상을 꾸준히 업로드했다는 것이다. 이는 결코 쉬운 일이 아니다. 만약 손수 편집까지 했다면 굳이 부연 설명이 필요 없을 정도로 부지런하고 성실한 사람으로 검증된다. 한 가지 일을 장기간 꾸준히 할 수 있다는 것은 그 어떤 행위보다 더 혁신적인 활동이라 평가받는다. 대다수의 대학이 그런 인재를 뽑고 싶어 할 것이고 대다수의 회사가 함께 일하고 싶어 할 것이다. '티끌 모아 태산이다'라는 단순한 속담이 아니다. 인생의 진리다. 꾸준한 노력과 지속적인 활동으로 쌓아온 결과물은 무시할 수 없기 때문이다. 건강해지고 싶다면 꾸준히 식사 관리를 하고 운동하면 된다. 현명해지고 싶다면 열심히 책을 읽고 다양한 경험을 해보면 된다. 부자가 되고 싶다면 지출을 줄이고 저축을 늘리면 된다. 세상의 이치는 정말로 단순하다. 하지만 그것을 실천하는 사람들이 많지 않을 뿐이다. 유튜버로 꾸준히 활동해왔다면 어떤 활동보다 더욱 인정받는 기록이 될 것이다. 매주 쌓여가는 영상 콘텐츠의 힘을 믿어야 한다. 땀과 노력은 절대 배신하지 않는다. 누구나 꾸준한 노력으로 유튜브를 제작하면 반드시 그 결과는 최고의 영향력으로 돌아온다. 수많은 크리에이터가 그 결과를 입증해 보였기 때문에, 군이 더 말하지 않아도 쌓여가는 유튜브의 힘을 이해할 것이다.

직장 시대는 끝났다, 유튜브 크리에이터의 직업적 가치와 비전

없어진 평생직장, 이제는 평생직업 시대

평균 수명이 70세이던 시절, 우리는 대학을 졸업하고 안정적인 직장에 취업하면 평생을 걱정 없이 살 수 있었다. 하지만 요즘 같은 100세 시대에 더 이상 안정적인 평생직장은 없다. 오로지 평생직업만 있다. 내가 어떤 곳에서 일할 것인지가 아니라 앞으로 어떤 일을 하며 살 것인지를 선택해야 한다. 어느 곳에서도 인정받고 필요한 인재가 되는 것은 결국 자신의 능력이다. 자신이 좋아하는 일을 하면서 변함없는 직업으로 안정적인 소득을 발생시킬 수 있는 그런 일을 해야 한다. 대기업도 공기업도 공무원도 내 인생을 책임져주는 시대가 아니다. 그리스 디폴트 사태 때 가장 먼저 공무원 3만 명이 해고됐다. 대기업과 공기업도 더 이상 인생의 우산이 되지 않는다. 스스로 키워온 능력만이 자신의 인생을 결정하게 된다. 평생직장이 없어진 현재, 평생직업으로 어떤 것을 선택할까?

이제 아이들에게는 직장이 아닌 직업을 선택하고 새로운 업을 만들어내는 그런 교육이 필요하다. 그렇게 되려면 스스로 기획하고 실행하고 표현할 수 있는 능력을 키워줘야 한다. 새로운 활동을 시작 전부터 체계적으로 기획하고, 시키지 않아도 그것을 실행할 수 있는 액션 플랜을 체크하며 스스로 활동할 수 있는 미래 사회 인재로 성장시킬 수 있는 방법을 찾아야 한다.

1인 기업 시대, 유튜버의 직업적 가치

세상에 공부하는 것을 좋아하는 사람은 많지 않을 것이다. 특히 자신이 하기 싫어하는 분야이거나 강제로 시켜서 억지로 해야 하는 공부라면 사정은 더 나빠진다. 대한민국 대부분의 아이가 바로 이런 상황에 놓여 있다. 오로지 유명 대학에 가기 위해 학원에 다니고 기계적으로 문제를 풀며 암기하고 있다. 미래의 행복 가능성을 위해 현재 시간을 담보로 잡힌 셈이다. 우리 자녀가 어떤 삶을 살기 바라는가! 당연히 부모라면 자신이 좋아하는 일을 잘하면서 여유 있고 행복한 삶을 살기 바라지 않는가? 마음은 그러한데 행동은 그렇지 못하다. 세상이 달라졌다는데 아직도 학벌의 벽 앞에 우리 아이들을 줄 세우고 있다. 좋아하고 잘하는 일이 아니더라도 수입이 많고 사회적 지위가 보장된다면 그 혜택으로 얼마든지 행복하게 살 수 있다고 생각한다. 부모 자신이 그런 환경에서 자라지 못하고 실제로도 그렇게 살지 못하면서 말이다. 우리 아이들도 같은 삶을 반복하게 할 수는 없다.

유튜브는 이런 모든 문제를 한번에 해결할 수 있는 좋은 도구가 된다.

이제는 얼마든지 자신이 좋아하는 것을 하면서도 돈도 충분히 벌고 사회적으로도 인정받는 행복한 삶을 살 수 있는 시대다. 더 이상 TV나 신문에 나와야 유명해지고 자신의 능력을 알릴 수 있는 시대가 아니다. 1인 미디어를 통해 얼마든지 자신을 알릴 수 있고 유명해질 수 있다. 자녀가 체험하고 참여하는 모든 프로그램을 영상으로 기록하고 전문성을 키울 수 있도록 기회를 주면 된다. 오프라인에서 기타를 잘 치는 사람들은 수없이 많다. 하지만 그 많은 사람이 모두 자신의 재능을 인정받고 충분한 보상을 받는 것은 아니다. 오프라인은 같은 공간에서 기타 공연을 보고 있는 사람의 인원 제한이 있지만, 온라인은 그렇지 않다. 수만 수십만의 사람들이 제한 없이 얼마든지 같은 공연을 즐기고 기타 연주자의 팬이 될 수 있다. 자신이 좋아하는 일로 만든 온라인 영상으로 아이는 사회적인 인정과 보상을 받을 수 있다.

통계청 조사에 따르면 2013년도에 77만여 개에 불과했던 1인 창조기업은 2017년 26만4,000여 개로, 5년 새 18만7,000여 개가 늘었다고 밝혔다. 그중에는 유튜브 크리에이터도 있다. 재밌거나 좋아서, 또는 자신이 가진 정보를 저장하려고 유튜브를 시작했다가 구독자들이 늘면서 유튜브를 업으로 바꾼 사람들의 사례는 생각보다 많다. 앞으로 더 많아질 것이다. 대부분의 유명 유튜버들은 유튜브로 수익을 창출하기도 하지만 자신의 주제와 관련된 아이템을 사업으로 연장시키기도 한다. 직업 상황에 따라서 다르겠지만, 대부분 자신의 능력을 인정받고 그것을 알리는 도구로서의 1인 미디어는 상당한 결과를 검증받고 있다. 특히 선호되는 콘텐츠가 텍스트에서 이미지로, 그리고 다시 영상으로 변화되면서 유튜브는 상당한 영향력을 보여주고 있다. 유튜브 크리에이터는 그런 부분에서 영상 콘텐츠로 충분히 능력을 알리고 인정받을 수 있는 직업으로 자리 잡았다. 그 자체가 직업이 안 된다고 생각했던 과거와는 달리, 유튜버는 직업적으로 충분한 선택 가치를 보여주고 있다.

운동선수와 연예인이 좋은 직업으로 인정받기 시작한 가장 큰 이유가 무엇일까? 생각 이상으로 치열하고 쉽지 않은 길이다. 그런데도 수많은 사람이 선호하는 직업이 되었다. 이유는 딱 하나다. 어린 시절 빠르게 진로를 선택할 수 있으며 빠른 성장으로 사회에서 자리 잡고 경제적 여유를 누릴 수 있다는 것이다. 그렇다면 두 직업 이외에 어린 나이에 자신의 소질을 인정받고 경제 활동을 할 수 있는 직업이 또 무엇이 있을까? 바로 유튜버다. 그 자체로 자신의 포트폴리오와 히스토리를 기록하는 도구인 동시에 직업이 될 수 있다. 사회적 논란은 많다. 어린이들의 유튜브 활동에 대한 부정적 요소와 문제점을 완전히 배제할 수는 없다. 하지만 중요한 것은 어떻게 순기능을 잘 활용할 것인가의 문제다. 너무 부정적으로만 바라보지 말고 자녀의 소질을 찾고 진로를 결정하기 위해 지금 하는 모든 활동을 기록한다고 생각하자. 어렵게 생각하면 한없이 어렵겠지만, 쉽게 생각하면 생각보다 어렵지 않은 것이 유튜버다.

유튜버의 직업적 가치는 최근 대두되고 있는 일과 삶의 균형, 즉 워라밸과도 일치한다.

돈만 많이 벌면 좋아했던 과거와 달리 요즘은 일과 생활의 균형에 대한 관심이 높다. 직업을 선택하는 기준에서 여유 있는 자신의 삶에 대한 관심이 상당한 비중을 차지한다. 돈을 조금 덜 벌더라도 자신이 좋아하는 시간을 누릴 수 있기를 바란다. 자신만을 위한 시간이 꼭 필요하다. 회사를 위해 희생하고 모든 삶을 일에 올인하던 시대가 더 이상 아니다. 그런 부분에서 유튜버는 자신이 일정을 조정하고 원하는 일을 하는 동시에 자신만을 위한 시간을 충분히 가질 수 있다는 장점이 있다. '디지털 노마드'라는 용어에서 알 수 있듯이 장소와 시간의 제한 없이 얼마든지 자기 일을 원하는 공간과 시간에 진행할 수 있다. 디지털 노마드란 일과 주거에 있어 유목민(nomad)처럼 자유롭게 이동하면서 생활하는 사람을 뜻한다. 즉 일과 생활의 구분 없이 스마트폰, 노트북 등 휴대용 디지털 기기를 이용해 어디서든 일하고 일상생활을 하는 것이다. 그만큼의 디지털 환경이 만들어졌다. 유튜버가 대표적인 디지털 노마드 직업이다. 생활이 일이고 일이 생활인 유튜버는 일과 삶의 균형을 걱정할 필요가 없다.

과연 지금의 유튜버와 미래의 유튜버는 어떤 변화가 있을까? 아직은 편집의 장벽이 높은 편이다. 나이가 어릴수록 촬영하는 것은 어렵지 않게 느낀다. 그렇지만 영상 편집은 아직도 부담을 느끼는 사람이 많다. 그런데 애플리케이션의 개발로 손쉽게 영상 편집이 가능해지고 있는 요즘 상황을 보면 누구나 쉽게 편집할 수 있는 시기가 얼마 남지 않은 것 같다. 그렇다면 지금 스마트폰으로 사진을 찍고 동영상을 찍어서 SNS 활동을 하듯이 편하게 유튜브를 즐기고 유튜버로 활동할 수 있는 때가 올 것이다.

손쉽게 스마트폰으로 편집이 가능한 시기가 곧 누구나 유튜버에 도전할 수 있는 시기가 될 것이다. 그때 유튜버를 시작하는 사람들은 정말 늦을 것이다. 지금 빨리 시작하면 절대 늦지 않다. 우리가 구독을 누르고 시청을 하기 시작한 것도 얼마 되지 않는다. 심지어 유튜버에서 검색을 하기 시작한 것도 초기 단계다. 수요가 있어야 시장이 커지는 경제구조를 봤을 때 현재보다 유튜브 시장은 더 커질 수밖에 없다. 조금이라도 더 빨리 시작해야 시장이 더 커졌을 때 충분한 직업적 비전을 누릴 수 있을 것이다.

▶ YouTube

유튜브를 시작하기 전에
꼭 체크해야 할 것들

자신에게 맞는 영상 촬영 방법을 정하자

자신의 목소리를 녹음해서 들어보면 참 이상하다. 심지어 영상을 촬영해서 보면 더 이상할 수밖에 없다. 당연하다. 익숙하지 않기 때문이다. 그것이 부담되어 유튜브를 시작하지 못하는 사람들이 많다. 그러나 꼭 자신의 얼굴이 나와야 유튜브를 할 수 있는 것은 아니다. 많은 유튜브 채널을 보면 다양한 방법으로 유튜브 활동을 할 수 있다는 사실을 알게 된다. 얼굴도 목소리도 안 나오고 자막과 배경음악만 나오는 유튜브도 많다. 내가 하려는 유튜브 채널의 촬영 방법을 정하기만 하면 된다.

우선 영상을 촬영한 후에 목소리를 더빙해도 되고 자막으로 처리해도 된다. 내가 하려는 콘텐츠와 유사한 채널을 많이 시청하고 어떻게 촬영할 것인지 그 방법을 정하면 된다. 특히 아이들의 경우 꼭 얼굴이 나와야 하는 것도 아니다. 목소리만으로도 얼마든지 제작 가능한 영상이 많다. 너무 부담을 갖지 말고 자연스럽게 할 수 있는 영상을 촬영하면 된다. 소비하지 않으면서 성공한 생산자는 없다. 식당으로 성공하고 싶다면 많은 맛집을 찾아가보고 맛을 봐야 한다. 그래야 자신의 식당도 맛집이 된다. 하고 싶은 콘텐츠의 유튜브 채널을 다양하게 시청하고 자신에게 맞는 촬영 방법을 정해보자.

유튜브 콘셉트에 가장 알맞은 방송 유형을 선택하자

유튜브 방송에는 6가지 방송 유형이 있다. 리뷰, 재능, 관찰, 소통, 정보, 홍보가 바로 그것이다. 리뷰 방송은 어떤 것을 사용해본 뒤 장단점과 유의점을 설명하고 느낌을 전달하는 것이 대부분이다. 가장 많은 콘텐츠로는 장난감, 게임이 있다. 리뷰 방송으로 성공하기 위해서는 상당한 어휘력이 필요하다. 같은 느낌도 다양한 단어로 쉽게 설명이 가능해야 한다. 그런 과정에서 자녀들의 말하는 실력과 느낌에 대한 표현력을 키울 수 있을 것이다. 평소 사물을 보고 느낌을 말하는 훈련을 하고 책을 읽고 소감을 정리하는 연습을 하면 도움이 된다.

재능 방송에 고민되는 지점은 똑같다. 우리 아이는 춤도 노래도 악기도 뛰어나게 잘하는 것이 없는데 재능 방송을 할 수 있을까? 재능 방송은 처음부터 뛰어난 재능을 보여주는 방송이 아니다. 기타를 연주할 거면 기타를 사러 낙원상가에 가보고 집 주변 기타학원을 찾아보는 과정부터 영상에 담는 것이다. 재능 방송은 재능이 뛰어나서 하는 것이 아니라 재능이 성장해가는 과정을 보여주는 것이다.

관찰 방송은 자신의 분량보다 타인의 분량이 더 많은 방송이다. 인터뷰를 진행한다든지 상황에 맞는 질문과 느낌을 정리하는 능력이 기본이다. 사전에 질문지를 준비한다든지 타인의 섭외가 관건이다. 사람이 아닌 동물일 경우에는 관찰력을 통한 다양한 설명 능력이 필요하다.

소통 방송의 경우 보통 라이브로 진행하기 때문에 많은 경험을 바탕으로 시작하는 것이 좋다. 유일하게 게임 방송 정도가 실시간 게임을 진행하면서 라이브로 방송이 가능하지만 가급적 녹화 방송에 어느 정도 익숙해진 뒤에 하는 것을 권한다.

정보 방송의 경우 일반적으로 많은 학생이 처음 시작하기 편한 방송일 것이다. 정보 방송은 상세한 설명과 다양한 지식을 기반으로 한다. 정확한 사실을 전달하기 위한 사전 자료조사와 공부가 선행되어야 한다. 예를 들어 역사 인물을 소개하는 채널이라고 하면 그 인물의 자료를 다양하게 정리해서 어떤 형태로 전달할 것인지 고민이 필요하다. 유적을 방문하거나 인형극으로 재현하거나 스토리텔링으로 상황을 설명하는 등 다양한 방법을 선택할 수 있다.

홍보 방송은 선택한 아이템의 속성에 따라서 정확한 셀링 포인트를 잡아내는, 쉽고 설득력 있는 PT가 필요하다. 아이템의 장단점을 적절히 조화롭게 비교하고 다른 아이템과의 차별점을 안내하면서 자신의 능력을 보여주는 방법이 좋다.

포트폴리오 스토리 라인을 세팅하자

큰 줄기의 스토리 라인 3~4가지가 필요하다. 일반적인 학생들의 포트폴리오를 보면 대부분 동일하다. 같은 나이, 비슷한 환경, 특별히 내세울 만한 이벤트가 없다. 당연하다. 그래서 자녀가 어떤 인물로 보이길 바라는지 잘 생각해봐야 한다. 평화주의자, 인권운동가, 특정 분야 전문가 등 자신만의 봉사 활동이나 어학과 어휘력은 기본이다. 운동이나 문화 콘텐츠 하나쯤은 세팅이 되어야 한다.

요즘 대학에 제출하는 서류들은 실제로 확인 가능한 사실을 기반으로 만들어진 것보다 무조건 합격을 위해 만들어지는 것이 더 많다. 사실에 근거한 자료가 만들어질 수 있도록, 평소에 자녀가 어떤 성인으로 성장하면 좋은지에 대한 많은 고민과 대화가 필요하다. 부모가 자녀와 충분히 소통해야 정확히 목표한 포트폴리오를 만들 수 있다. 밑그림을 잘 그리고 그 밑그림에 맞는 경험과 스토리를 잘 채워준 뒤 기회를 만들어주는 것이 부모의 역할이다.

전공과 연관 있는 유튜브 콘텐츠를 설계하자

처음부터 전공을 정했다면 어렵지 않을 수 있다. 하지만 나이가 어리고 하고 싶은 것이 많은 자녀들의 경우 전공을 특별히 단정 지어 선택하기 곤란해한다. 그럴 때는 다양한 경험을 바탕으로 조금씩 전공 분야를 좁혀나가야 한다. 평생을 직업으로 삼을 수 있는 일을 단번에 선택하는 것 자체가 쉽지 않겠지만, 전공 분야로 분류할 수 있는 대학의 전공 학과를 잘 조사해 카테고리를 만들고 하나씩 체험하며 자녀의 진로를 정해줘야 한다.

　잘하는 것과 좋아하는 것을 우선으로 선정한 뒤에 그것에 맞는 전공의 종류를 정리해서 어떤 강점을 키워주고 전문성을 더할 것인지 전략적으로 설계해야 한다. 그렇게 정해진 유튜브 콘텐츠를 3~4가지 선정해 촬영하고 축적해나가면 시장의 반응과 함께 자녀 스스로 하고 싶은 것·좋아하는 것·잘하는 것이 정해질 것이다. 지금 하고 있는 콘텐츠와 연관된 전공을 찾는 역순도 괜찮다. 중요한 것은 자녀가 질리지 않고 오래할 수 있으며 즐길 수 있는 콘텐츠를 찾아주는 것이다.

1. 다양한 SNS 매체를 활용해 자신을 표현하라!

학생의 성장 가능성과 그 가능성을 증명해줄 포트폴리오를 더 중요시하는 시대가 왔다. 포트폴리오의 형태도 시대 상황을 반영하고 있다. 다양한 SNS 매체를 활용해 자신의 표현 능력을 키우고 자신만의 포트폴리오를 전략적으로 잘 관리해야 한다.

2. 국경을 넘어 자신을 알리는 시대, 우리 아이에게 기회의 문을 열어주자!

팬덤 경제 시대! 이제 시작에 불과하지만, 유튜브 크리에이터의 영향력은 지금보다 앞으로 더 큰 힘을 발휘하게 될 것이다. 유튜브가 기회의 문으로 이어질 것이다.

3. 인생의 자산이 될 유튜브! 부작용보다 순작용에 주목하라!

지금의 변화에 불편함을 토로하며 불평을 해봤자 달라지는 것은 없다. 지금의 변화에 기회를 실어 우리 아이의 꿈을 펼칠 수 있게, 우리 아이가 성장할 수 있게 도와주어야 한다.

4. 영상 포트폴리오 시대는 바로 당신의 아이가 살아갈 시대다!

기존 제도권 안에 정형화된 교육을 통해 자신의 적성과 상관없이 성적에 맞춰 대학에 진학하고, 그 후 진로를 정하는 방식의 부작용을 너무 많이 봐왔다. 이제는 우리가 달라질 차례다. 스마트폰 탄생 이후 인류의 의식주 문화가 순식간에 바뀐 것처럼 곧 영상 포트폴리오가 대세가 될 날이 올 것이다. 이미 국내외 유수의 대학에서는 그 과정을 주목하고 있다.

5. 아이에게 도움이 되는 유튜브 포트폴리오를 만들어라!

단순한 텍스트와 이미지로 작성된 포트폴리오가 줄 수 있는 스토리 이외에 시장의 현실을 반영한 유튜브 포트폴리오는 어느 곳에 제출하더라도 결과에서 확연한 차이가 날 수밖에 없다. 꾸준히 유튜버 활동을 해온 과거 기록이 있다면 어떤 활동보다 인정받을 수 있는 과정으로 기록될 것이다.

6. 평생직장의 시대는 끝났다! 디지털 노마드 시대의 시작은 유튜브

유튜버는 자신이 스케줄을 조정하고 원하는 일을 하면서도 충분히 자신만을 위한 시간을 가질 수 있다는 장점이 있다. 평생직장이 사라지고 있는 요즘, 유튜브의 직업적 가치와 비전은 차고 넘친다.

2

당신도 할 수 있다,

유튜브 기획하기

유튜브 성공의 비결, 기승전 기획

따라갈 것인가?
크리에이터가 될 것인가?

재작년 둘째 아이가 사진을 찍는다고 스마트폰을 빌려달라고 하기에
그러라고 했다. 방문을 닫고 들어간 아이가 10분이 지나도록 나오지 않
아 슬며시 노크해봤다. 안에서 분명 소리는 들리는데 대답은 없었다. 문
을 열어보니 아이가 슬라임을 만들며 영상을 찍고 있었다. 캐리 언니와
똑같은 목소리로 캐리 언니가 장난감을 소개하듯 자신이 슬라임 만드는
방법을 소개하고 있었다. "뭐 하니?" 하고 물어볼까 하다가 문을 닫고 나
왔다. 20분쯤 후에 아이는 스마트폰 속 영상을 유튜브에 올려달라고 부
탁했다.

"유튜브에 영상을 올리고 싶구나? 엄마는 이유가 궁금해~ 갑자기 유
튜브 영상이라니?"
"옆 동에 예은이 언니 있잖아요. 예은이 언니가 슬라임 영상을 찍어서

유튜브에 올렸더니 구독자도 생기고 영상을 본 사람들이 '좋아요'도 엄청 많이 눌러줬대요. 놀이터에서 같이 놀자고 했더니 영상 만들어야 해서 바쁘다고 하더라고요. 언니는 요즘 유튜브만 해요. 그래서 저도 하고 싶어요."

"예은이 언니처럼 너도 유튜브 하고 싶다고?"

"네~ 나도 예은이 언니처럼 사람들이 내 유튜브에 '좋아요'도 눌러주고 댓글도 남겨주고 그랬으면 좋겠어요."

"그런데 슬라임 만드는 건 네가 좋아하는 거야?"

"음… 많이 좋아하지는 않아요. 엄마가 잘 안 사주니까. 나는 예은이 언니처럼 잘 못 만들어서 막 재밌지는 않은데, 그래도 예은이 언니가 슬라임 영상이 인기가 많다고 했거든요. 예은이 언니처럼 되고 싶으니까 슬라임으로 하는 거예요."

옆집 언니의 자랑에 자기도 유튜버가 되고 싶다는 아이는 그 후로도 몇 번 슬라임 영상을 만들어 업로드했다.

아이들이 유튜브 크리에이터가 되어보겠다고 했을 때, 아니 크리에이터까지도 아니고 그냥 호기심 삼아 올려보겠다고 했을 때 부모는 어떤 반응을 보일까?

1. 네 할 일이나 제대로 하고 유튜브를 해야지, 학생이 공부도 안 하면서 무슨 유튜브냐?

2. 해봐라. 그게 쉬운 것 같지만 그렇지 않단다. 언젠가 제풀에 지쳐 그만두겠지.

3. 일단 왜 하고 싶은지, 어떻게 할 건지 이야기해보자. 그리고 잘할 수 있는
   방법을 함께 찾아보자.

나는 2번 유형의 엄마였다. 2년 전이라 나 역시 아이들이 스마트폰을 쓰는 데 굉장히 부정적인 생각을 했다. 하지 말라고 하면 오히려 더하게 될까 봐 스스로 그만두도록 무관심으로 일관했다. 내 예상은 적중했고 아이는 몇 번 업로드를 하다 제풀에 지쳐 그만두었다.

얼마 전 아이에게 그때 왜 유튜브를 하다가 그만두었는지 물어봤다. 아이는 엄마가 슬라임을 잘 사주지 않아 매번 똑같은 것만 만들 수밖에 없었고, 무엇보다 업로드를 몇 번 했지만 구독자 수도 '좋아요' 수도 늘지 않아 재미가 없었다고 대답했다. 내 예상이 맞아떨어지긴 했지만, 괜히 아이에게 미안해졌다. 그때 좀 도와줄 걸 하고 말이다.

여기서 '도와줄 걸'이라고 말하는 건 슬라임 재료를 풍부하게 사주고 영상을 찍을 때 적극적으로 스마트폰을 빌려주는 것이 아니다. 아이와 유튜브에 관해서 충분히 이야기해보고 왜 하고 싶어 하는지, 그렇다면 어떻게 하면 좋을지, 슬라임 만들기보다 재밌고 신나게 할 수 있는 주제가 있지는 않은지 충분히 이야기하는 것을 말한다.

아이들은 누가 하니 나도 하고 싶다며 따라 하는 경우가 많다. 인기도 있어 보이고, 영상을 찍고 업로드하는 것이 마치 하나의 놀이처럼 보이기도 한다. 현실은 학교와 학원 숙제하기도 벅찬데 그런 것 하나 하지 않고 어른들처럼 돈도 번다니 부러워 보일 만하다. 그래서 아무런 준비

없이 무턱대고 시작한다.

만약 둘째 아이가 다시 유튜브에 관심을 보인다면 이번에는 아이와 많은 이야기를 나눌 것이다. 왜 하고 싶은지, 하고 싶다면 어떤 콘텐츠로 할 것인지, 시간을 어떻게 낼 것인지, 마지막으로 엄마에게 어떤 도움을 받고 싶은지…. 함께 이야기하고 방법을 찾을 수 있도록 도와줄 것이다. 유튜버들의 화려한 모습뿐만 아니라 카메라 뒤에서 치열하게 고민하고 촬영하며, 잠을 줄여가면서 편집하는 수고로움도 이야기해줄 것이다. 구독하는 사람이 많아지고 '좋아요'를 눌러주는 사람이 많아지는 장밋빛 미래도 있지만, 콘텐츠를 공개로 올린다는 건 그만큼 책임과 의무가 따르는 일이라는 것을…. 그 일로 너는 사람들에게 사랑을 받을 수도 있지만, 상처도 받을 수 있다는 것을 이야기해주겠다. 친구들이 한다고 무작정 따라 하는 것이 아니라 크리에이터가 어떤 일을 하는 사람인지 충분히 이야기를 나눌 것이다. 그런 다음 아이와 함께 유튜브를 보겠다. 또래의 친구들이 어떤 영상을 찍고 업로드하고 있는지, 구독자들은 그 영상에 어떤 반응을 보이는지, 좋은 영향력을 나누는 친구들의 영상과 무책임하게 올린 영상을 본 자신의 마음은 어떤지도 이야기할 것이다.

요즘 키즈 유튜버들의 영상을 보면 어떻게 저런 기발한 생각을 했을까 싶은 좋은 영상도 있지만, 과연 아이가 저런 영상을 올리고 있는지 그 부모들은 알까 싶은 영상도 많다. 대부분의 아이가 자신이 좋아하는 유튜버처럼 되고 싶어서, 또는 같은 반 친구가 하고 있으니 따라 하고 싶어서 하는 경우가 많다. 만약 여러분의 아이가 유튜버가 되고 싶어 한다면 따라 하는 아이가 아니라 진짜 유튜브 크리에이터라고 자신 있게 말할 수 있도록 도와주는 엄마가 되었으면 좋겠다.

▶ **YouTube**

콘텐츠 기획의 정답은
모두 아이 안에 있다

연간 2,200만 달러 한화로 243억6,400만 원을 벌어들인 유튜버가 있다. 미국 경제 전문지 〈포브스〉에 따르면 이 유튜버는 2017년 7월부터 2018년 6월까지 1년 동안 해당 금액을 벌었고, 그 기간 동안 최고의 수입을 올린 유튜브로 선정됐다.

이 유튜버는 어떤 기획을 했기에 이렇게 어마어마한 수익을 냈을까? 그 주인공은 다름 아닌 여덟 살 꼬마 유튜버 라이언이다. 2015년부터 자신이 좋아하는 장난감의 특징을 소개하는 영상을 올려 전 세계 어린이들뿐만 아니라 어른들에게도 큰 인기를 얻고 있다. 국내 유튜브 콘텐츠 중 최대 광고 수익을 올리고 있는 '보람튜브' 주인공인 여섯 살의 보람 양 역시 장난감을 가지고 노는 영상과 일상을 담은 브이로그를 운영해 최근 서울 강남에 95억 원 상당의 빌딩을 매입했다.

이 두 유튜버에게는 미국과 한국에서 최고 수익을 올리고 있는 유튜버라는 공통점 외에 또 한 가지 중요한 공통점이 있다. 바로 유튜버 자신이 재밌어하고 잘하는 것, 그리고 사람들 역시 좋아하거나 궁금해하는 주제로 유튜브 영상을 만든다는 것이다.

유튜브는 이미 좋은 기획들이 모두 선점되어 있어 레드오션이라고 하는 사람들이 많다. 더 이상 사람들을 깜짝 놀라게 할 아이템들도 다 쓰고 없어 이제는 늦었다고 말하는 사람들도 있다. 하지만 유튜브는 새로운 것을 만들어야만 성공하는 것이 아니다. 대도서관은 자신의 저서 《유튜브의 신》에서 기발한 아이디어나 전혀 새로운 아이템은 없다고 밝혔다. "특정 콘텐츠를 일주일에 2~3회씩, 1~2년간 꾸준히 업로드하면 반드시 성공한다"고 했다. 이 문장에 바로 유튜브 기획의 비밀이 숨어 있다.

유튜브 기획의 첫 번째 조건은 바로 "자신이 잘하는 일이거나 좋아하는 것을 영상으로 제작한다"는 것이다. 말도 안 되는 소리라고 생각할 수도 있다. 가장 좋은 기획이 자신이 좋아하는 일이라니… 그럴 수밖에 없는 이유가 있다. 대도서관뿐만 아니라 허팝이나 제이플라처럼 잘나가는 유튜버들은 바로 자신이 좋아하고 잘하는 일로 영상을 만들었다는 공통점을 갖고 있다. 대도서관은 말하는 것을 좋아하고 게임하는 것도 좋아해서 이 두 가지를 조합한 기획으로 지금의 위치에 올랐다. 허팝은 자신이 해보고 싶었던 기상천외한 실험을 재밌게 할 수 있어 마음껏 하다 보니 320만 명의 구독자를 달성한 유튜버가 되었다. 일주일에 2~3

회, 1~2년간 꾸준히 업로드하려면 이렇게 자신이 좋아하는 일이나 잘하는 일로 승부를 걸어보아야 한다. 자신이 하고 싶은 일이거나, 큰 노력을 기울여야 하는 일이라면 꾸준히 하지 못할 가능성이 크다. 특히 초반에는 오로지 나의 노동력만 들어가고 그 대가는 미미하기 때문에, 유튜브를 만드는 과정 자체의 즐거움이라도 있어야 한다. 아이들의 경우는 어떤가? 아이들은 집중력이 짧기 때문에 자신이 좋아하지 않으면 영상 제작 과정을 또 하나의 공부라고 생각할 수도 있다. 꼬마 유튜버 라이언과 보람이는 장난감을 가지고 놀면서 그 장난감의 특징을 알려주는 걸 좋아했기 때문에 꾸준히 할 수 있었다. 신선한 기획을 하겠다며 아이가 큰 관심을 두지 않는 주제를 기획한다면 몇 개월 못 버티고 포기할 수밖에 없다. 인내와 끈기, 열정의 문제가 아니다. 어른이라도 콘텐츠 제작이 힘들고, 어렵게 느껴진다면 오래가지 못하는 건 당연하다. 크리에이터가 재밌고 신나고 행복한 주제가 제일 좋은 기획이다.

현장에서 유튜브 기획 강의를 하면 수강자들 대부분이 마음속에 어떤 주제로 자신의 콘텐츠를 만들 것인지 결정하고 온다. 보통 자기가 좋아하는 일보다 유행을 따르는 아이템, 자신이 앞으로 하고 싶은 아이템, 대박 난 아이템을 갖고

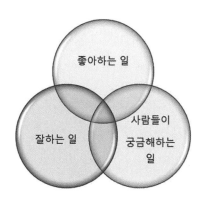

공통분모에 들어가는 것이
바로 당신 아이의 유튜브 콘셉트다

온다. 그럴 때마다 유튜브를 하고 싶은 이유를 물어본다. 지속한 가능한 유튜브를 하기 위한 방법도 함께 모색해본다. 머리를 맞대어 생각해본 결과로도 결국에는 자신이 좋아하는 것, 잘하는 일, 생각만 해도 신나고 행복한 일이 주제가 된다.

두 번째 조건은 사람들이 궁금해하거나, 관심을 갖거나, 재밌어하는 주제인지 살펴보는 것이다. 내가 아무리 좋아하고 잘하는 것이라 하더라도 세상 사람들이 좋아해주지 않으면 오래 할 수 없다. 유튜브는 구독자와 소통하고 그 안에서 내 팬덤을 형성하는 일이기 때문에 나만 좋아하면 안 된다. 반드시 사람들의 궁금증을 해결해주거나 기쁨과 위로를 주거나 정보를 주어야 한다.

하기 싫은 일을 억지로 끌고 가면 길어야 6개월이다. 성공한 크리에이터들의 공통점은 좋아하는 일을 꾸준히 오랫동안 영상을 통해 보여주고 있다는 점, 즉 좋아하는 일을 하면서 돈도 번다는 것이다. 대부분의 사람은 콘텐츠 기획을 매우 어렵게 생각한다. 그리고 여기저기 어떤 콘텐츠로 만들어야 시장성이 있고 사람들이 좋아할지를 끊임없이 찾아다닌다. 유튜브 콘텐츠 기획은 밖이 아니라 내부에 있다. 내 아이가 유튜브를 시작한다고 하면 가장 먼저 좋아하는 일과, 잘하는 일, 사람들이 궁금해하는 일이 무엇인지 써보는 게 순서다.

타깃만 제대로 정해도 50%는 성공한다

인기 채널은 타깃이 명확하다

'허팝', '대도서관 TV', '만희 TV', '간니닌니 TV' 등 잘나가는 유튜브들의 공통점 중 하나는 바로 타깃이 명확하다는 것이다. 허팝은 어린이들이 머릿속에서 상상했지만 현실에서는 할 수 없었던 다양한 과학 실험을 주제로 콘텐츠를 기획했다. 대도서관 TV는 게임하는 사람들을 보는 시청자가, 간니닌니는 초등학생 여자 어린이가, 만희 TV는 40~50대 은퇴 준비생들이 타깃이다. 타깃 시청자를 확실하게 정해놓으면 동영상을 만드는 데 50%는 성공했다고 해도 과언이 아니다. 너무 당연한 이야기지만 10대 학생, 20대 남성, 30대 주부, 40대 직장인은 각각 관심사가 다르다. 그러니 이들이 보고 싶은 영상도 모두 다를 것이다. 그래서 타깃 시청자를 정확히 정하면 채널의 방향성도 함께 정해지고 채널 성격도 뚜렷해진다. 타깃이 분명하면 정체성도 뚜렷해진다. 타깃을 정하면 그들의 니즈를 정확히 파악할 가능성이 높기 때문에 어떤 콘텐츠를 생산할 것인가가 명확해지기 때문이다. 어린이들을 위한 채널에 부동산 이야기를 할 수는 없지 않은가. 내가 결정한 타깃만을 위해 만들어진 영상은 그 정보에 목말라하던 구독자들에게 시원한 탄산수 한 모금이 되어준다. 그러면 열혈 구독자들이 생겨나고 같은 갈증에 시달리는 새로운 구독자들을 모아들인다.

타깃을 명확히 정해 놓으면 좋은 또 하나의 이유는 바로 일관된 주제로 꾸준하게 영상을 업로드할 수 있다는 점이다. 유튜브를 처음 시작하는 사람들의 가장 큰 실수는 유행 따라 주제를 시시각각 바꾼다는 것이다. 먹방이 유행하면 먹방을, ASMR이 유행이면 ASMR을, 게임이 유행이면 게임을… 이렇게 유행을 따라 변화하는 콘텐츠는 구독자를 불러모으기가 쉽지 않다. 내 채널이 먹방 채널인지, 리뷰 채널인지, 음악 채널인지 나의 정체성을 확실하게 보여줄 수 없기 때문이다. 단골을 절대만들 수 없다.

나의 경험담을 공유해본다. 2018년에 나는 북리뷰 채널을 시작했다. 타깃은 책을 좋아하는 대한민국 성인으로 특정했다. 나름 타깃을 잡는다고 했는데 타깃이 넓어도 너무 넓었던 것이 문제였다. 결과는 참담했다. 10개월 동안 꾸준히 일주일에 2편씩 업로드를 했지만, 구독자는 간신히 100명을 넘겼을 뿐이었다. 처음에는 왜 구독자 수와 시청 시간이 늘지 않는지 궁금했다. 구성 형식이 잘못되었는지, 책 선정이 기대 이하였는지, 말투가 어눌했는지, 원인을 있는 대로 찾아 수정해나갔지만 특별한 변화가 감지되지 않았다. 그런데 잘나가는 유튜버가 쓴 책을 읽은 후에야 정확히 알게 되었다. 구독자 타깃을 너무 넓게 정한 것이 화근이었다. 책을 좋아하는 성인보다 책을 좋아하는 30대, 책을 좋아하는 30대보다 책을 좋아하는 30대 여성, 책을 좋아하는 30대 여성보다 에세이를 좋아하는 30대 여성. 이렇게 점차 좁혀갔어야 했다. 타깃을 정확하게 정하면 방송 아이템도 엄청나게 달라진다. 책을 좋아하는 성인이라고 하면 다양한 분야의 책을 소개해도 되지만, 에세이를 좋아하는 30대 여성이 타깃이라면 빅데이터를 이용해 그들이 좋아하는 책을 찾아 소개해야 한다. 언뜻 생각하기에 그렇게 예상 시청자를 세분화하면 보는 사람이 줄어들어 나쁠 것 같다. 그렇지만 절대 그렇지 않다. 세분화한 만큼 그들의 구미에 맞는 내용을 방송하기 때문에 충성도를 높일 수 있다. 그리고 시청자들이 무엇을 원하는지 정확히 알고 있으니 그들이 원하는 것만 선별해서 줄 수 있다.

타깃은 어떻게 정해야 할까? 가장 먼저 내가 좋아하고 잘하는 분야, 내 채널의 분야를 결정한다. 기획 부분에서도 이야기한 것처럼 내가 하고 싶은 것이 아니라 내가 잘하고 좋아하는 주제로 결정한다. 그리고 그 주제로 먼저 시장조사를 해본다. 내가 보여줄 수 있는 영상들이 어떤 분야에 속해 있는 사람들의 관심을 받을 수 있을지를 알아봐야 한다.

어린이 채널이라고 해서 무조건 어린이만 본다는 생각은 처음부터 버리자. '보람튜브' 같은 경우에는 랜선 이모팬들에게 열렬한 지지를 받고 있다. 내가 생각하는 고정관념을 버리고 철저히 주제만 놓고 자료조사를 해본다. 비슷한 주제의 다른 유튜브를 모니터링하고 댓글을 유심히 살펴보는 것도 한 방법이다. 여느 방송 채널과는 달리 유튜브는 구독자와 크리에이터의 소통이 원활하기 때문에 구독자들이 원하는 내용을 댓글에 올리는 경우가 많다. 내가 생각했던 타깃층이 실제로는 내 생각과 차이가 날 수도 있으니 다른 채널의 댓글을 유심히 살펴보면 도움이 된다.

대체적인 타깃이 결정되었다면 세분화해 들어간다. 만약 우리 아이가 게임 채널을 기획하고 있다면 초보자를 위한 방송인지, 아니면 최상위권을 위한 방송인지 결정해야 한다. 나이는 몇 살부터 몇 살까지인지, 여자인지 남자인지까지도 세분화한다. 게임 채널의 경우는 특히 어른과 어린이, 성별, 게임 수준이 모두 다르므로 세심하게 고려하면 좋다. 대도서관은 저서《유튜브의 신》에서 자신의 타깃 시청자를 17세에서 30세로, 게임에 관심은 있지만 게임 실력이 마니아 수준은 아닌 사람들이라고 밝혔다. 나이, 주제의 관심 여부, 실력까지 세세히 규정해 놓았다.

내 경험에 미루어보건대 너무 넓은 타깃은 팬덤을 형성하는 데 시간이 매우 오래 걸린다. 구체적이지 않은 타깃으로 인해 대중적인 정보를 제공하면, 경쟁이 심한 유튜브 세상에서 누구에게도 관심을 받을 수 없다. 그러니 시청자의 폭을 좁혀 수요는 적어도 내 팬들의 지지를 한 몸에 받을 수 있도록 만들어야 한다. 모든 사람을 만족시킬 수 있는 채널은 없다. 두 마리 토끼를 한꺼번에 잡으려다 둘 다 놓칠 바에야 한 마리라도 제대로 잡아야 하지 않겠는가.

아이를 제대로 보여줄 수 있는
캐릭터의 힘

즐겨 보는 유튜브 중에 '순이 엄마'라는 먹방 채널이 있다. 실버 크리에이터인 순이 엄마는 2018년 10월 유튜브 계정을 만들고 2019년 2월 16일 구독자 1,000명 달성, 2월 21일 5,000명 달성, 또다시 같은 달 25일 1만 명을 달성할 정도로 인기가 급상승했다. 현재는 구독자가 20만 명을 넘어섰다. 가전제품 리뷰 채널인 '가전주부' 역시 내가 애정하는 채널 중 하나다. 전직 아나운서 출신답게 차분한 어조로 가전제품을 소개한다. 무엇보다 주부의 입장에서 가전제품을 알기 쉽게 설명해주어 무선청소기를 구매할 때 이 채널에서 많은 도움을 받았다.

유튜브에는 먹방 채널이 수도 없이 많고 제품 리뷰 채널 역시 무수히 많다. 그렇다면 '순이 엄마'와 '가전주부'의 인기 비결은 무엇일까? 여러 가지 이유가 있겠지만 그중 하나는 바로 자신의 캐릭터를 정확히 파악하고 그 장점을 살려 영상을 제작하고 있다는 것이다. 자극적 먹방이 넘쳐나는 유튜브 생태계에서 '순이 엄마'의 영상은 편안함 그 자체다. 귀여운 토끼 모자를 쓰고 "안녕하세요. 순이 엄마예요"라며 아주 느린 템포의 편안한 음성으로 오늘의 메뉴를 소개한다. 먹는 장면 역시 slow slow~ 느리게 느리게… 20~30대가 '순이 엄마' 채널에 열광하는 이유는 자극적이지 않은 편안함, 우리 할머니를 떠올리게 하는 따뜻한 캐릭터 덕분이다. '가전주부' 역시 아나운서 캐릭터를 살려 세세한 리뷰를 보여준다. 공신력 있어 보이는 목소리와 표정, 그리고 주부이자 소비자 입장에서의 철저한 리뷰가 보는 이로 하여금 신뢰가 가게 한다.

아이가 유튜브 크리에이터가 되기로 한 뒤 주제를 찾고 매회 아이템까지 모두 찾았다면 그다음에는 이 아이템들을 어떻게 보여줄지 고민해야 한다. '순이 엄마'나 '가전주부'처럼 자신의 캐릭터를 알고 그 장점들을 방송에 녹여 보여주어야 한다는 말이다. 아이가 영상을 통해 궁극적으로 시청자에게 어떤 이야기를 들려주고 보여줄 것인지, 아이의 수많은 장점 중 어떤 장점이 시청자들에게 들려주고 싶은 이야기를 풍부하게 만들어낼 것인지 정해야 한다. 박막례 할머니는 실제 우리 옆집에 아니면 시골집에 살고 계신 할머니 그 자체다. '초통령'이라 불리는 허팝 역시 마찬가지다. 허팝은 저서 《허팝과 함께하는 유튜브 크리에이터 되기》에서 동네 이웃집 재미있는 오빠, 형, 친구 같은 이미지, 재미있고 상상력 넘치는 만화 주인공 같은 캐릭터로서 호기심은 해결해야 직성이 풀리는 해결사 역할을 자신의 캐릭터로 설정했다고 밝혔다.

캐릭터를 정하는 건 주제를 정하는 것만큼 어려운 일이지만 의외로 쉬운 작업이 될 수도 있다. 아이가 언제 가장 많이 웃는지, 어떤 행동을 할 때 가장 자신감 넘치는 모습을 보여주는지, 아이가 하는 행동 중 장점들을 모아보면 찾을 수 있기 때문이다. 예를 들어 복잡한 문제라도 차근차근 설명을 잘하는 아이라면 선생님 캐릭터가 어울릴 수 있다. 웃음이 많고 발랄한 아이라면 귀여운 동생 같은 캐릭터가 드러나도록 콘셉트를 잡으면 된다.

이때 소품을 이용하면 좋다. '순이 엄마'처럼 토끼 모자를 매회 쓰고 나와도 좋다. 선생님 캐릭터라면 지휘봉이나 커다란 안경에 칠판을 배경으로 할 수도 있고, 호기심 많은 아이라면 기존 방송 중 〈호기심 천국〉이라는 프로그램에서 아이디어를 얻어 캐릭터를 만들 수 있다. 우리 할머니, 옆집 오빠, 용돈 주고 싶은 조카, 무엇이든 친절하게 알려주는 해결사 등등 캐릭터는 많다. 단 우리 아이가 평소 보여주는 모습과 일치하거나 가장 가까운 캐릭터를 정해야 한다는 것이 포인트다. 간혹 채널의 정체성 때문에 자신이 가진 캐릭터를 숨기고 보이는 이미지를 만드는 경우가 있는데 이런 크리에이터들은 채널을 오래 운영하기 어렵다.

캐릭터를 고민하다 보면 결국 콘셉트와 주제로 돌아오게 된다. 자신의 캐릭터는 자신이 가장 좋아하고 재밌는 일을 할 때 빛을 발하기 때문이다.

▶ **YouTube**

죽은 기획도 다시 살리는 구성과
구독자의 마음을 사로잡는 채널 네이밍

　스마트폰이 나오기 전만 하더라도 지하철에서는 신문을 보거나 책을 보거나 또는 꾸벅꾸벅 조는 사람들이 대부분이었다. 하지만 지금은 90% 이상의 사람들이 스마트폰을 보고 있다. 그중 60%는 유튜브를 시청하고 있다는 조사 결과도 있다. 어른들은 출퇴근길에, 학생들은 학원과 학교, 집과 학원으로 이동하는 짬짬이 틈을 내 스트레스도 풀고 무료한 시간을 달래는 용도로 유튜브를 본다. 그렇다면 유튜버는 그들에게 어떤 영상을 제공해야 할까? 또 영상을 통해 구독자들에게 주고 싶은 정보의 양이 많다면 어떻게 해야 할까?

　정답은 구성에 있다. 아무리 좋은 내용이라도 내용의 전개와 흐름이 너무 늘어지거나 밋밋하다면 구독자들을 사로잡을 수 없다. 채널 정체성도 명확하고 시그니처 콘텐츠도 있는데 각각의 영상에 기승전결이 없다면 구독자의 사랑을 받기는 어렵다. 단순히 영상을 찍어 올리는 게 목표가 아니라 구독자와 소통하고, 내가 가지고 있는 정보를 나누고 싶다면 영상마다 스토리를 가지고 있어야 한다.

자, 지금부터 보고 또 봐도 다시 보고 싶은 유튜브 채널을 만들기 위해 꼭 필요한 촬영 콘티와 내용 구성, 대본 쓰기 방법을 알아보자.

촬영 콘티, 또는 촬영 기획서를 써보자

우리가 흔히 말하는 콘티는 스토리보드와 같은 개념인데, 촬영할 때 필요한 모든 것을 체크해서 기록하는 것이다. 화면을 어디에서 어떻게 찍을지, 카메라 동선은 어떻게 가며, 이때 어떤 표정을 지을 건지, 분량은 어느 정도인지, 이 컷을 촬영할 때 시간은 얼마나 드는지 등등 콘티만 봐도 그 프로그램의 모든 것을 알 수 있게끔 정리해놓은 지도라고 할 수 있다. 영화나 뮤직비디오를 찍을 때, 또는 광고를 촬영할 때는 콘티가 필수다. 그렇다면 우리 아이가 또는 내가 할 유튜브에서는 콘티가 필요할까? 콘티처럼 세세하게 모든 걸 기록해놓으면 좋지만, 그게 힘들다면 오늘 내가 이야기할 주제의 흐름과 구성이 들어가 있는 촬영 기획서를 만들면 좋다.

촬영 기획서에는 주제, 내용, 내가 전달하고 싶은 메시지, 촬영 및 편집, 업로드 일정과 전체적인 구성 방향, 그리고 준비물 등을 쓸 수 있다. 영상을 기획할 때마다 촬영 기획서를 만들어놓으면 내 채널의 전체적인 흐름도 볼 수 있고, 장기간 업로드했을 때에는 과거에 어떤 내용으로 촬영했는지 알 수 있어 도움이 된다.

촬영 구성 대본을 써보자

구성 대본은 말 그대로 영상의 기승전결 흐름과 부분별 시나리오를 함께 써놓는 대본이다. 예를 들어 오프닝은 어떤 느낌으로 어떤 단어를 사용할 것인지, 내가 보여주고 싶은 화면은 무엇인지, 내가 가장 강조하고 싶은 내용이 무엇인지, 마무리는 어떻게 할 것인지에 대한 내용과 멘트가 들어간다. 구성 대본은 영상을 촬영하고 편집할 때도 필요하다. 처음 내가 생각했던 흐름으로 촬영은 했지만 촬영 중간에 달라진 부분들을 표시해놓으면 나중에 편집할 때 도움이 된다. 촬영 구성 대본대로 촬영은 했지만 내가 생각했던 것과 다를 때는 대본을 바탕으로 편집 내용을 다시 구성해보는 것도 좋다. 만약 리뷰 채널이나 정보, 먹방 채널이라면 내레이션 대본도 써야 한다. 익숙해지기 전까지는 꼭 필요하다. 대본을 쓰지 않으면 아무 말 대잔치로 끝나버릴 수도 있고, 했던 말을 또 하고 또 하는 경우가 생길 수도 있다. 그리고 꼭 해야 할 말을 놓칠 수도 있다. 멘트를 처음부터 끝까지 다 쓰는 게 부담스럽다면 키워드와 중심 내용 정도는 꼭 써놓고 촬영하기 바란다.

나만의 시그니처 멘트를 만들어보자

지금은 다른 진행자가 MC를 맡고 있지만, 개그우먼 이수지 씨가 진행하는 〈가요광장〉을 꽤 오랜 시간 들었다. 발랄한 진행 솜씨와 다양한 성대모사, 순발력에 개그까지 못 하는 것 없는 이수지 씨의 〈가요광장〉을 듣고 있으면 그렇게 재밌을 수가 없었다. 1시 56분, 〈가요광장〉이 끝날 때 이수지 씨는 항상 이런 클로징 멘트를 했다.

"오늘도 수지 맞으세요!"

자신의 이름을 딴 농담 반 진담 반의 멘트가 듣는 이로 하여금 마지막까지 즐겁게 했다. 이처럼 유튜브에도 나만의 시그니처 오프닝, 클로징 멘트가 들어가면 나의 정체성을 더 잘 나타낼 수 있고, 구독자들에게 내 채널을 각인시키는 데 커다란 역할을 할 수 있다. 10만여 명의 구독자를 보유하고 있는 '겨울서점'은 오프닝을 알리는 종소리와 함께 "겨울서점에 오신 걸 환영합니다. 저는 김겨울입니다"라는 말로 시작한다. 보통 영상을 시작할 때 "안녕하세요, OOO입니다"라고 말하는 것보다 훨씬 더 친근감 있고 채널의 정체성이 확연히 드러난다. 별것 아닌 것 같은 멘트 하나가 집중력을 높일 수 있다는 말이다. 건강·다이어트 전문 채널 '러브 에코'는 클로징 멘트를 "모두의 건강, 그리고 행복을 응원합니다"라고 마무리 짓는다. 건강과 다이어트에 절박한 구독자들이 들었을 때 위로와 힘을 얻을 수 있다. 이런 소소한 것들이 큰 영향을 미치지 않을 것 같지만, 멘트 하나 때문에 구독자 수가 늘어나기도 하고 구독자를 잃기도 한다. 내 채널 정체성, 내 구독자들과 진심으로 소통할 수 있는 나만의 시그니처 멘트를 만들어보자.

죽은 기획도 다시 살리는 편집 대본의 힘

내가 생각했던 주제로 영상 촬영을 다 마친 후에 생각했던 것만 못하다는 판단이 들 때가 있을 것이다. 그렇다고 애써 만든 영상을 버릴 수는 없고, 내보내자니 아닌 것 같고… 이럴 때 필요한 것이 바로 편집 대본이다.

편집 대본은 촬영한 내용을 모두 모니터링해보고 구성을 바꾸는 것이다. 예를 들어 요리를 촬영했다고 가정해보자. 재료 손질부터 볶고, 데

치다가 의외의 상황이 생겼다. 재료들을 넣고 볶다가 프라이팬에 달라 붙어 버렸다. 급한 대로 촬영을 마무리 짓기는 했지만, 기획 의도와는 다른 상황 전개에 난감하다. 이럴 때 촬영분과 촬영 대본을 보고 어떻게 살릴 것인지 고민해보면 좋다. 프라이팬에 붙어서 당황한 내 모습을 오프닝으로 넣어보기도 하고, 시간의 흐름을 정반대로 편집해보는 것도 좋다. 도대체 어디서부터 잘못된 것인지 시간을 거슬러 편집을 하다 보면 잘못된 부분을 찾을 수 있을 것이다. 그럼 그 부분을 강조하는 형태로 편집을 하면 된다. 구독자들은 오히려 이런 영상을 더 좋아한다. TV 방송이라고 생각하면 NG 장면이지만 유튜브에서는 '좋아요' 버튼을 누를 수 있는 절호의 찬스가 되는 것이다. 그러니 촬영이 생각대로 되지 않았다고 낙심하지 말고, 촬영한 내용을 바탕으로 구성을 바꿔서 더 재밌는 방송을 만들 수 있는 아이디어를 내보자. 그럴 때 쓰는 대본이 바로 편집 대본이다.

'좋아요'를 부르는 구성 꿀팁

유튜브는 방송보다 더 빠르게 채널이 돌아간다. 대부분의 사람은 이동 중이거나 잠깐 짬 날 때 보는 경우가 많아서 조금이라도 본인이 원하는 내용과 다르면 바로 다른 채널로 넘어간다. 그래서 유튜브는 초반 30초가 가장 중요하다. 이 채널을 끝까지 볼 건지, 아니면 다른 채널로 넘어갈 것인지 30초 안에 결정이 나기 때문에 초반 30초에 엄청난 공을 들여야 한다. 이 귀한 시간에 오프닝 멘트를 지루하게 하고 있다면 구독자들의 마음을 사로잡지 못할 가능성이 커진다. 잘나가는 유튜브들을 보면 초반 30초에 이번 영상의 하이라이트를 편집한 예고 영상을 보여준다거나, 주제를 확실히 알 수 있도록 소개 멘트를 한다. 그러니 구성할 때 초반 30초에 어떻게 하면 재밌고 유익한 내용을 전달할지 매번 고민해야 한다.

채널 네이밍과 섬네일 제목 잘 만드는 비결

모든 네이밍이 그러하지만 유튜브 크리에이터들은 콘텐츠의 주제와 콘셉트, 영상의 질뿐만 아니라 제목에도 정성을 들인다. 수많은 유튜브 채널 중에, 수많은 유튜브 영상 중에 구독자들이 어떤 영상을 볼지 결정하는 데 매력적인 타이틀은 결정적인 영향력을 미친다.

'채널 네이밍'

방송국에서 프로그램을 기획할 때 시간을 많이 투자하자는 부분 중 하나가 바로 프로그램 이름이다. 내용이 좋고 나쁨을 떠나서 시청자들의 선택을 받으려면 내용과 편집도 중요하지만, 제목으로 포장을 잘하는 것도 중요하기 때문이다. 방송에서는 시청자들, 유튜브에서는 구독자들에게 절대 잊히지 않는 제목을 어떻게 정할까?

첫째, 채널 이름에 내 채널의 내용과 정체성이 압축적으로 들어가 있어야 한다.

둘째, 너무 긴 이름보다 짧고 강렬한 이름이 훨씬 좋다. 21만여 명의 구독자(2019년 7월 기준)를 가지고 있는 '가전주부'는 가전제품을 소개하는 채널이다. 주부인 본인이 직접 써본 제품들을 상세히 리뷰해주고 있어 집 안 살림살이를 장만하려는 사람들에게 인기가 많다. 네 글자 안에 본인의 직업, 채널의 정체성이 모두 들어가 있다.

셋째, 구독자의 관심을 끌 수 있어야 한다. 아무리 좋은 정보와 재미를 갖춘 채널이라도 구독자가 보지 않으면 무용지물이다. 구독자 입장에서는 자신에게 도움이 되는 영상인지 아닌지는 영상을 보기 전에는 판가름할 수 없다. 그래서 채널 이름을 정할 때 구독자들이 관심을 끄는 내용이 포함되어야 한다.

'영상 제목'

채널 이름 못지않게 중요한 것이 바로 섬네일과 영상 제목이다. 특히 초보 유튜버는 섬네일과 영상 제목에 각별히 신경을 써야 한다.

첫째, 키워드가 들어가야 한다. 내 영상의 주제를 담고 있고, 구독자들이 검색할 수 있는 키워드를 찾아 영상 제목에 넣어주어야 한다. 유튜브를 막 시작했다면 대부분 지인 위주로 시청하게 된다. 하지만 이렇게 해서는 구독자를 늘리기가 어렵다. 구독자들을 유입시키는 가장 좋은 방법은 바로 키워드 검색이다. 사람들이 검색했을 때 내 영상이 노출되도록 구독자들이 검색하는 키워드를 넣어주어야 한다. 영상 제작이 끝난 후에 유튜브 검색창에 내가 생각하는 키워드를 넣어보고 자동완성되는 단어들을 살펴본다. 대부분의 포털 사이트가 자동완성 기능을 제공하고 있는데, 사람들이 어떤 내용을 궁금해하는지 자주 찾아보는 단어를 한눈에 알 수 있어 매우 유용하다. 키워드로 검색한 뒤 내 영상의 주제와 맞는 단어들을 조합해 제목을 만들면 된다. 특히 자동완성 기능 상위권에 올라 있는 단어들은 조회 수가 높은 단어이므로 이 단어들과 내 영상의 주제가 일치한다면 적극적으로 사용하자.

둘째, 핵심 키워드는 제목 앞쪽에 넣는다. 대부분의 사람이 PC보다 스마트폰으로 유튜브를 시청하는 경우가 많기 때문에, 모바일로 검색할 때의 화면 상황을 고려하는 것이 좋다. 모바일은 제목이 길 경우 제목 뒷부분은 가려져 안 보일 수도 있으므로 앞쪽에 핵심 키워드를 배치하는 것이 좋다.

셋째, 반드시 내 영상과 관련 있는 키워드를 제목에 삽입해야 한다. 초보 유튜버가 종종 하는 실수인데, 구독자를 모으는 데만 혈안이 되어 내용과 관련이 적은 키워드를 쓰는 경우가 있다. 유튜브는 지상파 방송과는 달리 크리에이터와 구독자 사이의 소통과 신뢰가 매우 중요하다. 화제가 되는 큰 사건을 제목으로 끌어다가 사용하고 내용은 별로 없는 동영상을 업데이트했다가 자칫 신뢰를 잃을 수도 있으니 주의하기 바란다.

넷째, 채널 네이밍과 마찬가지로 너무 길게 쓰지 않는다. 간결하면서도 핵심 내용이 들어가도록 짧고 굵게!!!

다섯째, 센스 있는 단어를 선택한다. '5kg 감량 비법'보다는 '딱 10일만 투자해서 5kg 감량하는 다이어트 비법'처럼 형용사나 숫자를 이용하면 좋다. '나는 어떻게 아침형 인간이 되었을까'처럼 호기심을 유발하는 제목이나 '밀가루가 밥보다 좋은 사람들을 위한 밀가루 이별법'처럼 구독자가 공감할 수 있는 제목을 정하는 것도 좋다.

사실 제목은 하루아침에 완성할 수 없다. 내 경우에는 신문이나 잡지, 책에서 아이디어를 많이 얻는 편이다. 시대의 유행어는 반드시 메모해놓는다. 시내에 나갔을 때는 눈에 띄는 간판도 메모해놓는다. 제목을 정할 때마다 스마트폰 메모장에 차곡차곡 모아놓은 단어들을 들여다보면 2~3개의 단어를 조합하여 꽤 좋은 아이디어가 나온다.

평소에 즐겨 보던 크리에이터의 영상이라면 상관없지만, 처음 보는 영상은 대부분 제목과 섬네일로 구독과 시청을 결정하는 경우가 많다. 유튜브를 시작하게 되면 영상 촬영과 편집에만 신경을 쓰는 경우가 많다. 그렇지만 보기 좋은 떡이 먹기도 좋은 것처럼 좋은 영상을 클릭할 수 있게 만드는 제목 정하기에도 만전을 기하면 좋겠다.

아이들이 하는 모든 일은 쓸 데가 있다

6개월도 안 된 아기가 엄마를 보며 '엄마'도 아닌 '음마마마'라고 했을 때 세상의 모든 엄마는 '음마'를 '엄마'라고 해석하고 좋아한다. 벌써 엄마를 알아보고 부른다는 것! 나 역시 그랬다. 아이가 입술을 떼며 자연스레 나오는 단어인 '음마'를 '엄마'라며 환호했다. '빠'도 마찬가지다. 입을 다물고 있다가 '빠'라고만 했을 뿐인데 아빠들은 우리 아이가 천재라며 손뼉을 친다. 별 의미 없는 그 행동에 엄마, 아빠가 환호하는 모습을 본 아기들은 이제 열심히 연습한다. 그러다 돌이 지나면 엄마, 아빠를 정확히 말한다. 아기들이 한 단어를 이야기하기까지 보통 2,000번을 옹알이한다는데 그렇게 내뱉는 옹알이를 쓸데없는 일이라고 하는 부모는 단 한 명도 없다.

우리 첫째 딸도 얼마 전 유튜버가 되었다. 학교생활, 브이로그 그리고 반려견 루비 번역기라는 주제로 주 2~3회 업로드 중이다. 강아지 번역기는 루비의 행동을 보고 상황에 맞게 강아지의 마음을 사람의 언어로 이야기해주는 영상이다. 예를 들어 엄마가 외출하고 돌아왔을 때 펄쩍 펄쩍 뛰면서 좋아하는 모습에 "엄마, 엄마, 어디 다녀오셨어요? 제가 기다렸어요"라고 오디오를 입히는 식이다. 아침에 언니를 빤히 쳐다보는 모습에는 "언니~ 산책 가요! 산책 언제 갈 거예요"라고 말하기도 하고, 간식으로 수박을 썰고 있는 아빠 옆에서는 "아빠, 제 간식이죠? 저 먼저 주세요"라고 말한다. 그 영상은 학교생활이나 브이로그보다 조회 수가 높다.

딸아이는 중학교에 들어가기 직전까지 하루에 1~2시간씩 플레이모빌로 인형 놀이를 했다. 다 큰 아이가 인형 놀이냐며 그 시간에 공부나 하라고 잔소리를 늘어놓고 싶었지만 꾹꾹 참았다. 아이의 그 시간에 뭔가 비밀이 있다는 생각이 들었기 때문이다. 아이는 인형 놀이를 하면서 학교에서 친구랑 서운했던 감정을 털어놓기도 하고, 재밌는 책의 줄거리로 연극을 하기도 했으며, 드라마를 본 소감을 나누기도 했다. 여섯 살 때부터 시작했으니 꽤 긴 시간 동안 인형 놀이를 했는데 그 효과는 실로 대단했다. 아이는 놀이를 하며 스토리를 만들어냈다. 등장인물의 성격, 갈등 상황, 해결 방법, 마무리까지 놀이를 통해 한 편의 소설을 쓰고 있었다. 그래서 그런지 강아지 표정을 보며 아이가 쏟아내는 이야기는 단순함을 넘어 실제 상황 같았다. 마치 강아지가 정말로 말을 하는 것 같은 착각에 빠지게 했다.

대도서관은 《유튜브의 신》에서 유튜브를 시작하기 전 자신이 했던 모든 행동이 결국에는 다 쓸모 있는 일이었다고 고백했다. 학창 시절, 게임을 하고 싶었지만 어려운 가정형편 탓에 게임기는 언감생심이었다. 그렇게 원하는 게임을 할 수 없으니 대도서관은 게임 전문 잡지에 실린 게임 관련 기사를 읽으며 매일매일 게임을 하는 상상을 했다. 그러다 자신만의 게임을 상상 속에서 만들기도 했다. 어른들의 시선으로 봤을 때 이 얼마나 한심하고 답답한 일인가? 그 시간에 영어 단어 한 개라도 더 외우고, 수학 문제 한 문제라도 더 풀어야 한다고 생각했을 것이다. 그뿐만이 아니다. 군에 입대하기 전, 남는 기간 동안 하루에 영화를 서너 편씩 봤다고 한다. 영화를 그렇게 본다고 밥이 나오냐며 어머니께 꾸지람도 들었지만 온종일 방 안에 처박혀 비디오만 봤다. 그렇게 영화를 본 덕분에 영상 매체에 대한 이해도가 높아져 유튜브 방송을 시작했을 때 엄청난 저력을 발휘할 수 있었다. 대도서관은 세이클럽에서 라디오 방송 DJ로도 활동했는데, 그때 자신의 소통과 진행 능력을 확인했다고 한다. 남들이 보기에 인생에 전혀 도움이 될 것 같지 않았던 그 일들이 연봉 17억의 대도서관을 만들어냈다. 어떤가? 대도서관의 이 모든 이야기에 나는 깊이 공감하고 동의한다.

하지만 요즘 상황은 그렇지 않다. 놀이터에서 친구들과 놀며 자라고 꿈을 꿔야 할 아이들은 시간대별로 학원 순례를 해야 하고, 집에 오면 밀린 숙제를 마치 공장에서 제품 생산하듯 처리해야 한다. 오죽하면 경기도에서 "아이들은 학교에서 왜 놀아야 할까"라는 주제로 공청회를 했을까. '경기도교육청 어린이 놀 권리 보장을 위한 조례 제정' 공청회에서는 아이들은 놀이를 통해 공동체 의식을 함양하고 건전한 교우 관계를 형성해 전인적인 어른으로 성장할 수 있다는 주제로 열띤 토론이 이뤄졌다. 요즘 아이들은 학령기 이전부터 고등학교를 졸업하는 날까지 제대로 된 놀이를 해본 경험이 없다. 모든 놀이에는 나름대로 아이들이 세운 규칙이 있고 스토리가 있다. 다툼이 일어나면 어떤가? 아이들은 다툼을 해결하기 위해 듣기 싫은 말도 들어야 하고, 상한 마음을 달래가며 친구에게 화해의 악수를 청하는 등 자기 행동을 조절하는 법도 배운다. 이런 것은 어디에서도 배울 수 없다. 이 귀한 배움을 통째로 잃어버린 아이들에게 창의성을 기대하는 건 지나친 욕심이다. 유튜버가 되고 싶어 해도 막상 어떻게 시작해야 하는지 아이들은 알지 못한다. 그저 다른 사람들이 하는 것만 따라 하기에 급급하다.

아이들이 하는 모든 일에는 다 이유가 있다. 그 시간을 보장받았던 아이들은 결국 그 일이 밑바탕이 되어 새로운 일을 하든, 꿈을 꾸든 미래를 계획하게 된다. 그러니 아이들에게 잠재력과 창의력을 끌어낼 수 있는 시간을 주자. 유튜브도 마찬가지다. 지금 한창 공부해야 할 나이에 그깟 쓸데없는 걸 한다고 생각하지 말고 아이가 유튜브를 가지고 놀게 해보자. 만약 유튜브를 보기만 한다면 유튜브 소비자에서 네가 생산자가 되어보는 건 어떠냐고 물어보자. 아이가 유튜브 크리에이터가 되어 자기의 숨은 재능을 펼칠 수도 있다. 엄마, 아빠도 모르던 아이의 속마음을 알아챌 수도 있다. 유튜브 덕분에 우리 가정은 아이와 대화 시간도 늘어났다. 아이가 요즘 어떤 생각을 하고 있는지, 공부는 어떻게 하고 있는지, 무슨 책을 읽는지, 유튜브에 업로드할 영상 주제에 대해 이야기를 하다 보니 대화가 끝이 없다.

내 아이라서 내 욕심이 스멀스멀 올라오는가? 그렇다면 내 아이다 생각 말고 옆집 아이라고 생각해보자. 그리고 아이가 하는 모든 일을 옆집 아줌마 마음으로 한 걸음 뒤에서 바라보자. 그리고 아이가 하는 모든 일에 이유를 만들어주자! 틀림없이 그 이유가 아이에게 큰 힘이 되어줄 것이다.

소통하는 크리에이터가 되기 위해
부모가 해야 할 일

지난 6월, 유튜브는 만 14세 미만 미성년자의 경우 어른과 함께하지 않으면 실시간 방송을 할 수 없다는 방침을 내놨다. 이전 3월에는 미성년자의 콘텐츠 댓글 금지 정책을 시작한 바 있다. 유튜버와 구독자 사이의 소통을 막는다는 비판을 받고 있지만, 해당 정책이 시행된 후 미성년자를 대상으로 한 악성 댓글과 소아성애자들의 활동이 현저히 줄어들었다는 게 유튜브 측 주장이다. 유튜브에서 적극적으로 미성년자 보호 정책을 내놓는 이유는 유튜브가 아동 범죄에 악영향을 미칠 수 있다는 지적을 꾸준히 받은 데 따른 것이다.

하지만 유튜브는 이미 전 세계적으로 소통의 큰 도구가 되었고, 그 흐름을 막을 방법은 없다. 어린이의 장래 희망 3위가 유튜버라는 건 비단 우리나라 이야기만이 아닐 만큼 어린이 유튜버의 숫자는 계속 늘어날 것이다. 그렇다면 부모로서, 어른으로서 우리는 무엇을 해야 할까. 어린이들이 유튜브를 하다 보면 상처를 받을 수도, 상처를 줄 수도 있다. 무엇보다 아이들이 왜 유튜브를 하는지, 내가 올리는 콘텐츠가 어떤 영향력을 행사하는지 아이들과 고민해봐야 한다.

조회 수만 올린다면 무엇이든 좋다는 아이들

바쁜 와중에 시간을 내어 영상을 기획하고 촬영하고 어려운 편집까지 해낸 아이들! 업로드하고 나면 조회 수에 촉각을 곤두세운다. 유튜브를 시작하면 어른들도 '좋아요'와 구독자 수에 일희일비하는데 아이들은 오죽할까. 조회 수나 '좋아요', 구독자 수가 예상만큼 늘지 않으면 아이들은 조바심을 내게 된다. 처음이라 아직 홍보가 덜 되어서 조회 수가 나오지 않을 수도 있고, 그 영상이 재미나 정보가 부족해서 그럴 수도 있지만 아이들 마음은 빨리 수만 명의 캐릭터를 거느린 크리에이터가 되고 싶을 뿐이다. 이런 상황에 아이들이 범하는 가장 큰 실수가 바로 조회 수만 올린다면 어떤 영상이든 업로드해보는 것이다. 자신이 초등학생 유튜버라고 밝힌 한 어린이는 '벨튀 하고 문 막기'라는 영상에서 아파트 가정집 초인종을 누른 뒤 문을 열지 못하게 막거나, 사람이 나오지 않을 경우 문을 '쾅쾅' 발로 차는 영상을 업로드했다. 이 영상은 조회 수가 무려 7만 2,000여 회를 기록했다. 이뿐만이 아니다. 한때 초등학생 사이에서 유행했던 '시키면 한다'는 영상에서 어린이 유튜버들은 '부모님 때리기', '공공장소에서 야한 동영상 틀고 떠들기' 등등 댓글 미션을 충실히 이행하며 구독자를 끌어들였다.

아이들은 무슨 생각으로 자극적이거나 폭력적인 영상을 올릴까? 단지 구독자를 모으기 위함일까? 전문가들은 아이들의 자극적 콘텐츠 생산을 우려함에 앞서, 아이의 입장에서 상황을 봐야 한다고 입을 모은다. 《중독은 없다》의 윤명희 사회학 박사는 "아이는 윤리적인 고민보다는 단순히 재미있어서 영상을 올리는 것"이라고 말했다. 아이들은 자신이 올린 영상이 어떤 부정적인 영향을 낳을지 생각하지 못하는 경우가 대부분이다. 이때 무작정 아이를 가르치려고 하기보다 "대화를 통해서 내가 올린 영상의 파급력과 영향, 왜 유튜브를 하는 것인지 진지하게 이야기를 나눠야 한다"고 말한다. 만약 아이가 잘못될까 봐 두려운 마음에 무작정 유튜브를 금지하면 아이는 부모 모르게 잘못된 행동을 계속할 수도 있다. 온라인을 통해 자신의 의견을 세상 사람들에게 내놓는 것은 좋지만, 책임감을 느끼고 이용할 수 있는 가정교육이 필요하다.

부모로서의 욕심을 내려놓기

얼마 전 국내 최고 수익을 자랑하는 '보람튜브'의 가족회사에서 강남에 있는 95억짜리 빌딩을 매입했다. 매입 사실 보도가 나가기가 무섭게 '보람튜브'는 실시간 검색어 1위에 올랐다. 그 후 며칠 동안 '보람튜브'는 계속해서 실시간 검색어 상위권을 유지했다. 그만큼 수익에 대한 세간의 관심이 높다. 크리에이터가 되고 싶은 이유에는 여러 가지가 있겠지만 수익을 고려하지 않는 크리에이터는 없을 것이다. 그래서 그런지 부모의 지나친 욕심 탓에 오히려 아이들의 상황을 고려하지 않는 영상을 요구하는 경우도 종종 있었다. 국제구호개발 NGO 단체인 굿네이버스는 보람이가 출산 연기를 하는 동영상, 아빠 지갑에서 돈을 훔치게 하는 동영상 등 업로드된 몇 개의 동영상을 아동학대 혐의로 고소했다. 법원은 2018년 6월 운영자들의 아동학대 혐의를 인정해 보호 처분을 내렸다. '뚜아뚜지 TV' 역시 성인이 먹기에도 힘든 대왕문어 먹방을 올려 누리꾼들의 공분을 샀다. 여섯 살 쌍둥이가 10kg이나 나가는 대왕문어를 먹는 모습은 내가 봐도 화가 치밀어 올랐다. 과연 이 아이들은 자신이 하는 행동이 무슨 의미가 있는지 알고 있을까…. 조회 수를 높이기 위해 어른들이 만들어놓은 무대 위에서 꼭두각시처럼 연기를 하는 아이들이 애처로워 보였다. 부모 또는 보호자들 역시 인기에 연연하는 욕심을 내려놓을 필요가 있다. 매번 영상을 업로드하고 구독자들의 기대를 받다 보면 좀 더 재밌고 기발하거나 자극적인 영상을 올리고 싶을지도 모른다. 하지만 한 개의 영상이 얼마나 큰 파급력이 있는지 어른들은 더 잘 알고 있다. 무한 경쟁에서 살아남기 위해서 보호자인 어른마저 윤리적인 규제를 스스로 저버리는 일은 없어야겠다.

응원해주고 지켜봐주기

첫째 아이가 유튜브를 시작하겠다고 이야기를 꺼냈을 때 내심 반겼다. 세상은 달라지고 있고, 우리가 막는다고 해서 막을 수 없다면 소비자이면서 생산자이길 바랐기 때문이다. 그리고 마음속으로 굳은 다짐을 했다. 나는 구독자일 뿐 잔소리꾼은 되지 말아야지 하고 말이다. 하지만 아이가 영상을 올릴 때마다 나의 눈은 팬심 가득한 구독자가 아니라 투자자로서의 구독자로 변해갔다. 이번 영상은 이 부분이 문제가 있고, 엊그제 영상은 시간이 너무 길고, 왜 말은 이렇게 했느냐… 매번 일장 연설을 늘어놓기 바빴다. 아이는 영상을 올릴 때마다 엄마의 눈치를 슬슬 보기 시작했다. 엄마가 기획 전문가이니 더욱 주눅이 들었을 것이다. 얼마 지나지 않아 아이가 처음으로 자기를 세상에 선보인 그 설렘이 어느 순간 부끄러움으로 바뀌어가고 있음을 알게 되었다. 결국에는 나도 마찬가지였다. 믿고 기다려주라던 육아서의 글귀가 눈앞에 아른거렸다. 그렇다. 우리는 남의 아이 이야기는 교과서처럼 말할 수 있지만, 막상 내 아이의 일은 그렇게 하기 힘들다. 그래서 더 사려 깊게 행동하고, 더 공부해야 한다. 아이들에게는 그저 모르는 체하는 게 나을 수도 있겠다. 어쩌면 한발 떨어져서 옆집 아줌마의 눈으로 바라보면 우리 아이의 일거수일투족이 사랑스럽고 자랑스러워 보일지도 모르겠다. 아이가 유튜브를 시작했다면 응원해주고 지켜봐주자. 혹여 아이를 너무 아끼는 마음에, 아이의 영상이 빠르게 알려지기를 원하는 마음에 아이가 해야 할 일을 대신 해주는 일도 없기를 바란다. 아이가 유튜브 제작의 모든 과정을 온전하게 스스로의 힘으로 해낼 수 있도록 우리는 열심히 응원만 하면 된다. 그게 부모의 가장 큰 의무이자 권리다.

1. 유튜브 소비자에서 유튜브 생산자가 되도록 도와주자!

유튜브를 무조건 막을 것이 아니라, 아이가 원한다면 현명하게 소비하고 생산도 할 줄 아는 유연한 아이로 자라도록 해야 한다. 우리가 자라온 세상과는 전혀 다른 프레임 속 세상에서 아이들은 살아갈 것이다.

2. 자신만의 시그니처를 가진 유튜버가 되도록 이끌어주어라!

우리 아이가 유튜버가 되고 싶어 한다면, 인기 많은 크리에이터를 무작정 따라 하는 아이가 아니라 자신만의 시그니처를 표현할 수 있도록 함께 찾아주자!

3. 유튜브 콘텐츠 기획의 정답은 모두 아이 안에 있다는 걸 명심하라!

내 아이가 좋아하는 일과, 잘하는 일, 사람들이 궁금해하는 일이 무엇인지 써보고 공통분모를 찾아라! 그것이 바로 당신 아이의 유튜브 콘셉트다.

4. 구독자 타깃은 세분화하고 또 세분화하라!

구체적이지 않은 타깃을 설정하여 대중적인 정보를 제공하면 경쟁이 심한 유튜브 세상에서 누구에게도 관심을 받을 수 없다. 그러니 시청자의 폭을 좁혀 수요는 적어도 내 팬들의 지지를 한 몸에 받을 수 있도록 만들어라!

5. 아이가 평소 보여주는 이미지가 바로 아이의 캐릭터다!

캐릭터는 채널의 정체성을 보여주는 데 중요한 역할을 한다. 우리 아이가 평소 보여주는 모습과 일치하거나 가장 가까운 캐릭터를 찾아 보여주면 영상의 신뢰도를 높일 수 있다.

6. 영상 구성안과 시그니처 오프닝 클로징 멘트를 써라!

영상 촬영 전, 주제를 어떻게 표현해야 할지 구성해보고 아이만의 시그니처 오프닝, 클로징 멘트를 만들어라! 다소 재미없는 주제라도 어떤 구성으로 가고 어떤 멘트로 표현하는지에 따라 대박나는 주제가 될 수도 있다.

7. 아이들이 하는 모든 일은 쓸 데가 있다는 걸 가슴에 담아두자!

온종일 노래만 불러도, 소꿉놀이만 한다 해도 그 모든 일에는 다 이유가 있다. 부모의 욕심을 버리고 아이가 하는 모든 일을 기다려주자. 잘나가는 유튜버들의 창의성은 학원에서 배우지 않았다는 것을 기억하자!

8. 아이 스스로 할 수 있도록 응원만 해주자!

아이가 유튜브를 시작했다면 응원해주고 지켜봐주자. 혹여 아이를 너무 아끼는 마음에, 아이의 영상이 빠르게 알려지기를 원하는 마음에 아이가 해야 할 일을 대신 해주지 말자! 아이가 유튜브 제작의 모든 과정을 온전하게 스스로의 힘으로 해낼 수 있도록 우리는 열심히 응원만 하면 된다.

영상 기획서

구분	내용	참고/준비물
주제/제목	(회)	
기획 의도		
메세지 전달		
제작 방향		
촬영 일정		
구성 순서		
편집 일정		
업로드 일정		

3

이제는 실전이다!

본격적인 유튜브 도전

방송 촬영과 녹화, 언제나 생방송처럼 임하기

유튜브 하는 언니 오빠들이 잘나가는 이유

　　오른쪽 그림은 취미공유 플랫폼 '탈잉'에서 1월 15일에 발표한 2019년 1월 14일 기준 국내 유튜브 크리에이터 순위다. 대다수가 '먹방'과 '일상' 분야가 차지하고 있다. 지상파 방송에서도 유튜브 크리에이터가 연예인 게스트로 나오기도 하고, <마이 리틀 텔레비전>이라는 프로그램으로 카카오TV와 트위치와 연계하여 라이브 방송을 하기도 했다. 이렇게 먹방과 일상 유튜버가 인기가 많고 지상파 방송에서도 많이 다루어지는 이유는 우리가 모두 '소통'에 목말라 있기 때문이다. 한 방향으로 전파를 타고 오는 방송은 시청자들 구미에 맞겨 짧게 편집되어 편한 시간에 볼 수 있다. 유튜브나 트위치, 아프리카TV는 방송하는 이들과 대화를 할 수 있는 창이 열려 있다. 피드백을 줄 수도 받을 수도 있으며, 원하는 걸 요구할 수도 있다. 이렇게 방송도 '맞춤형' 소통이 가능한 시대가 된 것이다.

국내 유튜브 크리에이터 순위 (기준: 2019년 1월 1일/단위: 명, 건)

순위	유튜버	분야	구독자	누적 PV
1	제이플라뮤직	음악	1천65만	19억6,791만
2	정성하	연주	546만	15억9,395만
3	포니신드롬	뷰티	477만	2억4,534만
4	웨이브야	댄스	330만	11억925만
5	벤쯔	먹방	307만	10억1,666만
6	떵개떵	먹방	303만	14억189만
7	영국남자	일상	301만	7억5,319만
8	허팝	일상	298만	19억4,484만
9	보겸TV	일상	295만	12억7,100만
10	어썸하은	댄스	286만	4억109만

출처: '국내 유튜브 1위, 얼마 벌까? 국내 유튜브 순위 TOP10 파헤치기!' 탈링 1boon,
https://1boon.kakao.com/taling/5c1a1c796a8e510001796a11

사실 맞춤형 소통이 대세인 이유가 있다. 과거 석기 시대에는 어떤 사람이 인기가 많았을까? 지금으로 치면 개그맨 김병만 씨 같은 사람이 바로 인기 많은 사람이었을 것이다. 사냥 잘하고, 자연 속에서 있는 것들로 도구를 사용할 줄 알고, 불을 잘 피우고, 코코넛을 잘 따올 줄 아는 사람. 즉 발견을 잘하는 사람이 경쟁력이 있는 시대였다. 그러다가 발명의 시대가 도래했다. 우리 주변에서 편리함을 제공하는 많은 것의 기술은, 이미 우리가 태어나기도 전에 혹은 어릴 때 발명되었다. 전기, 자동차, 지하철, 컴퓨터 등등. 이때는 발명을 잘하는 사람이 경쟁력인 시대였다.

그러면 지금 우리는 어떤 시대에 살고 있는가. 우리는 지금 '혁신'의 시대에 살고 있다. 기술은 발전할 만큼 발전했고, 네이버나 유튜브에 검색하면 안 나오는 정보가 거의 없다. 오히려 이 정보가 내 구미에 맞는

지 고민하며 선택해서 받아들일 수도 있다. 그러면 그 정보들은 신뢰할 수 있는가? 인터넷에 있는 많은 양의 정보 속에서 내가 원하는 정보를 얻는 것과 100% 신뢰할 수 있도록 내가 원하는 방식으로 얻는 것은 다른 문제다. 원하는 정보는 넘쳐나지만 원하는 '방식'의 형태로 만나볼 수 있는 콘텐츠는 많지 않다. 그래서 유튜브에 대한 인기가 높을 수밖에 없다. 짧은 시간 내에 파악이 쉽기 때문이다. 섬네일과 앞의 10초만 보고 내가 찾는 재미있고 쉬운 형태의 영상인지 알 수 있다. 또 구독자 수나 이력을 보고 전문적이며 믿을 만한 정보인지도 알 수 있다. 혁신은 거창하고 멀리 있는 것 같지만 그렇지 않다. 넘쳐나는 것 중에 나만의 것으로 '차별화'하여 '전달하는 능력'에 내포되어 있다.

경제적 비용으로 따지자면 우리는 '공짜로' 소통하는 것 같다. 페이스북, 인스타그램, 트위터, 카카오톡, 카카오스토리 그리고 유튜브 등 스마트폰만 있다면 비용을 내지 않고 사용할 수 있으며 공유할 수 있기 때문이다. 그러나 그 이면에 있는 우리의 소통 비용은 '0원'이 아니다. 알게 모르게 어마어마한 비용을 내고 있다. 우리는 SNS에 많은 시간과 정보를 제공한다. 어디서 무엇을 하는지, 언제 어떤 생각을 했는지, 누구와 무슨 시간을 보냈는지, 다 공개한다. 정보가 무기인 빅데이터 시대에 이 정도면 엄청난 값을 치르고 세상과 소통하고 있다고 할 수 있다. 또한 SNS에 멋진 사진을 뽐내기 위해 목숨을 걸고 위험한 사진을 찍다가 목숨을 잃어서 기사가 나온 유튜버들도 있고, 더 많은 구독자를 확보하기 위해 자극적인 소재의 방송을 다루는 유튜버들도 있다. 목숨도 걸고 무모함에 도전하는 SNS의 마력이란 무엇이란 말인가?

사회학자 장 보드리야르에 따르면 우리 사회는 소비 방식이 사회 전반을 결정하는 소비 사회다. 지금의 시대는 이미지 소비 시대다. 보이는 이미지가 중요해서 SNS에 열광하는 시대다. 그래서 블루보틀과 쉐이크쉑 버거를 구매하여 인스타그램의 사진 한 장을 찍기 위해 3~4시간씩 줄을 서는 기이한 현상도 일어난다. 우리의 이러한 소비 대가로 유명 유튜버들은 수억 원의 큰돈을 벌어가는 것이다. 많은 시간과 정보를 투입하는 SNS, 그중에서도 영상이라는 매개체인 유튜브의 경쟁력이 중요한 시대다. 석기 시대에 사냥을 잘하고 채집을 잘하고 도구 활용을 잘하던 사람이 최고의 인기를 누렸던 것처럼, 기술의 눈부신 발전으로 우리가 편안한 삶을 영위하게 된 것처럼, 지금의 '유튜브'라는 큰 흐름은 거부할 수 없다. 그렇다고 모두 유명 유튜버가 되어 떼돈을 벌자는 말은 아니다. 이는 생각보다 쉽지 않다. 그 대신 우리는 이 흐름에 승차하여 소비하고 소비될 수 있음을 인지해야 한다.

영어를 배우고 싶으면 유튜브를 통해 내 입맛에 맞는 콘텐츠를 보면서 공부하면 된다. 일명 내가 '패고(패션고자)', '똥손'이라면, 이미 유명하고 전문가로 알려진 사람들의 입담과 재미난 영상미를 통해 배우고 습득하면 된다. 평소 관심 있고 경험해보고 싶은 것이라면, 많은 사람이 '대신' 경험해주고 '대신' 비용을 들여서 느끼게 해준다. 나는 시간을 들여서 그것들을 소비하면 되는 것이다. 그러면 콘텐츠를 만들고 소통하며 그 과정에서 우리는 모두 이익을 얻게 된다. 수많은 정보와 시간과 소통의 교류를 통해 우리는 큰 가치를 창출하는 소비자이자 생산자가 되는 것이다. 이를 자기 발전에 접목하면 유튜브는 좋은 수단이 된다.

유튜브는 자녀의 성장기를 담는 앨범이 될 수도 있고, 추억과 사랑을 그대로 기억하는 저장소가 될 수도 있다.

대학이나 취업에는 이력서, 자기소개서, 면접 등을 통해 우리의 '성장 과정', '학창 시절 활동', '대학 생활', '사회 경험' 등을 묻는다. 이를 구구절절 설명하고 설득하는 것보다 나의 포트폴리오가 되어버린 유튜브 채널을 보여준다면 경쟁력을 가질 수 있다. 소통 능력, 꾸준함, 그리고 솔직담백한 삶 자체가 녹아 있는 나를 알려주는 좋은 수단이 될 수 있기 때문이다. 단순한 소비자에서 나 자신의 이미지를 소비하도록 만들어 '이미지 소비 시대'에 적합한 인재가 되는 방법, 멀리 있지 않다.

앞서 말한 유명 유튜버인 '제이플라', '정성하', '포니', '웨이브야', '밴쯔', '떵개떵', '영국남자', '허팝', '보겸TV', '어썸하은' 등의 이들이 일명 '핵인싸'가 되고, 수억 원의 수익을 창출하는 데에 어떠한 능력을 발휘했는지 주목해야 한다. 이들은 이른바 명문대를 나오고, 4개 국어를 구사하고, 해외 다양한 곳에서 살아오고, 아이큐 180인 '금수저', '엄친아', '엄친딸'과 같은 화려한 스펙으로 성장해온 것이 아니다. 그렇다고 연예인 뺨치는 아름다운 외모나 개그맨들 같은 수려한 화술을 가진 것도 아니다. 그들은 자신의 능력과 자신이 좋아하는 것을 유튜브라는 매개로 풀어나갔고, 누구보다 빨리 움직여 트렌드를 주도했다. 지금 이 시대에 가장 필요하고 목말라하는 그것, '소통'의 능력을 발휘하여 가려운 곳을 긁어준 것이다. 즉 유튜버로 잘나가는 이들은 수많은 정보가 포화된 시대 속에서 요즘 세상의 가장 큰 경쟁력인 사람의 마음을 사로잡을 수 있는 소통 능력과 스토리 전달 능력을 갖고 있는 것이다. 그와 동시에 이들은 재빨리 움직여 트렌드를 창출했기 때문에 큰 인기를 얻게 된 것이라고 할 수 있다. 당신도 당신의 자녀도, 그 주인공이 될 수 있다.

목소리만으로도 구독자를 사로잡을 수 있다

내가 아나운서를 꿈꾸었던 나이는 고작 열두 살이었다. 나는 말 그대로 '관종'이었다. 대중 앞에 서서 말을 하는 것이 즐거웠고, 심지어 말을 하는 나를 쳐다보는 대중의 관심에 희열을 느꼈기 때문이다. 그래서 말을 할 수 있는 것들은 모조리 배웠다. 동화 구연, 연극, 발표동아리, 합창부, 글쓰기 등 언어로써 내 생각을 표현하고 나타내는 방법을 끊임없이 고민했다. 이제 이런 '관종'에 대한 끼는 유튜브를 통해 구현되는 시대라 할 수 있다. 스피치 강사로 활동하다 보면 가장 많이 받는 질문이 '말을 어떻게 하면 잘할 수 있나'다. 당연한 답변이지만 '많이 해보는 것'이라고 말하곤 한다. 우리가 영어를 배운다는 가정 아래 미국에서 10년 살면서 놀고먹기와 한국에서 고시생처럼 하루 12시간씩 영어 공부하기를 비교했을 때, 어느 것이 더 효과적이라고 할 수 있을까? 대부분의 사람은 전자를 선택한다. 그만큼 언어는 배우고 공부하는 대상이 아니라 흡수하고 연습하는 대상이라는 사실을 명심해야 한다.

　나 역시 처음부터 청산유수로 말을 잘하는 아이는 아니었다. 자랑할 수 있는 장점이라곤 카랑카랑한 큰 목소리와 적극성을 장착한 것뿐이었다. 대중 앞에 서서 말할 기회는 가리지 않았고 부끄러움을 무릅쓰며 도전하고 시도했다. 열두 살부터 아나운서를 꿈꿔왔고, 학창 시절부터 무수히 많은 무대에 서본 나의 아나운서 시험 결과표는 어땠을까? 낙방의 연속이었다. 사실 아나운서 학원에서부터 낙방의 성적표를 받아 좌절을 겪었다. 동화 구연과 연극을 하던 톤이 고스란히 나와 인위적이고 꾸밈조가 많은 목소리가 그대로 나타났기 때문이었다. 피땀 어린 훈련과 노력 끝에 목소리로 먹고살 수 있는 아나운서와 강사 등의 업을 가지고 살아갈 수 있었다.

　그렇다면 목소리는 선천적으로 타고나는 것일까, 아니면 후천적으로 변화할 수 있는 것일까? 목소리는 인간이 만들 수 있는 최고의 악기 소리라고 한다. 우리의 호흡기관, 발성기관, 조음기관 등이 어떻게 생겼느냐에 따라 또 어떻게 사용하느냐에 따라 목소리가 결정된다. '그러면 생긴 대로 살아야 하나' 하고 회의감이 드는 독자가 분명 있을 것이다. 우리의 몸을 생각해보자. 타고난 키, 얼굴, 팔다리 길이 등은 우리가 다시 태어나지 않는 이상 바꿀 수 없다. 그러나 전문가에게 관리를 받고, 식이요법을 하고, 운동하면 바뀔 수 있다. 우리의 목소리 역시 바꿀 수 있다. 악기 자체를 바꿀 순 없어도, 악기를 다루는 능력을 증진해서 더 좋은 악기 소리를 뽑아낼 수 있다.

우리가 살아가다 보면 목소리의 중요성을 뼈저리게 느낄 때가 있다. 소개팅을 나가도 목소리가 더 좋은 사람에게 끌리고, 드라마를 볼 때도 목소리와 발음이 좋은 배우들에게 눈길이 더 가기 마련이다. 이 목소리의 중요성은 한 실험에서도 증명되었다. 워싱턴대학교 차드 히긴스 연구팀에서는 면접관들이 과연 무엇을 기준으로 두고 직원을 선발하는지를 연구했다. 면접관들이 말하는 기준은 '역량'과 '발전 가능성'이었다. 실제 면접 과정과 면접 결과를 살펴보자 그 결과는 완전히 뒤집어졌다. 면접관도 사람이었기 때문에 더 '호감'이 가는 사람을 선발한 것이다. 면접관이 말하는 '역량'과 '발전 가능성'을 측정하는 도구가 추상적이기 때문이다.

더 끌리는 사람에게 한 표를 선사한 것은 인간의 본능이다. 그 호감을 구성하는 요소는 연예인 뺨치는 외모, 뛰어난 수상 경력, 완벽한 학점, '금수저'라는 배경 등의 화려한 것들이 아니다. 다른 이보다 하얀 치아를 몇 개 더 보이며 활짝 웃는 미소, 윤택함과 자신감이 담긴 목소리, 자신의 경험을 나눌 수 있는 이야기를 할 수 있는 능력인 것으로 나타났다. 즉 좋은 목소리는 이성을 매료시키고 인기가 많아질 수 있는 비결일 뿐만 아니라, 입시·취업·커리어 등 다양한 분야에서 나를 나타낼 수 있는 '역량'이자 '발전 가능성'인 것이다. 하물며 수많은 이가 시청하는 유튜브는 어떻겠는가? 개성 시대라 다양한 목소리를 내는 유튜버가 존재하는 것은 맞다. 그렇지만 자신의 악기를 최대한으로 활용하여 뽑아내는 목소리를 가진 유튜버가 된다면 구독자의 마음을 사로잡는 유튜버가 될 수 있다고 자부한다.

이를 뒷받침하는 이론으로는 '메라비언의 법칙'이 있다. 이 법칙은 의사 전달을 하고, 첫인상을 결정하는 데에 어느 것이 유의한 영향을 미치는지를 말하고 있다. 의사 전달 구성 요소는 목소리 38%, 표정 35%, 태도 20%, 말의 내용 7%로 이루어져 있어 목소리가 얼마나 중요한지를 설명해준다. 사람들에게 호감을 사거나 첫인상이 중요한 순간에 안정적이고 신뢰감 가는 목소리야말로 그 매력과 전달력을 결정한다.

말의 내용(Worlds)

청각적 요소
(Tone of Voice)
38%

7%

55%

시각적 요소
(Body Language)

[Albert Mehrabian, Professor at UCLA]

반면 충격적인 사실은 말의 내용이 7%밖에 차지하지 않는다는 사실이다. 아무리 좋은 내용을 담은 말이라도 전달 방식이 비호감이면 귀에 들어오지 않는다. 그 예로 우리가 흔히 하는 '잔소리'가 있다. 자녀들에게 하는 잔소리는 피와 살이 되길 바라는 마음에서 우러나온 조언이다. 그러나 '잔소리'라는 어감이 의미하듯 공격적이고 상대를 가르치려는 태도에서 나오는 말투이기 때문에 아이들은 귀를 닫기 십상이다. 그러므로 우리가 집중해야 할 요소는 바로 '전달 방식'이다. 말을 담는 그릇인 '목소리'에 집중해야 한다.

윤택하고 힘 있는 목소리를 갖기 위한 연습은 '인사'로 하길 추천한다. 예부터 인사는 사람의 인성과 됨됨이를 판단하는 중요한 잣대였다. 인사성이 바른 아이들에게 어른들은 '아이고, 그 녀석 부모님이 참 잘 가르치셨구나', '됨됨이가 좋구나', '인성이 바르구나'라며 칭찬을 했다. 이렇듯 우리 문화에서 인사성은 바로 그 아이를 나타내는 상징이었다. 학창 시절 무서운 선생님을 복도에서 만날 때면 얼마나 긴장을 했는지 모른다. 인사를 '제대로' 하지 않는다고 혼나곤 했기 때문이다. 지금 생각해 보면 무서운 선생님은 우리에게 세상을 알려주려고 했던 것 같다. 험하고 무서운 세상에서의 첫 단계는 모두 '인사'로 시작한다는 사실을 잘 알길 바라시지 않았을까.

대한민국 청소년 연설 대전에서 스피치 교육을 맡은 나는 학생들에게 인사의 중요성을 자주 강조한다. 연설의 시작은 무대 위에서 연설을 '시작할 때'가 아니라 무대 뒤에서 '대기할 때'이며, 그중 인사는 대중에게 나를 각인시키는 가장 중요한 행위이기 때문이다. 실제로 현장에서 보면 무대 위를 당당하게 올라가 대중과 눈을 맞추고 미소를 지으며, 크게 인사를 하는 친구들은 연설 역시 자신 있게 해낸다. 어른들이 그렇게 인사가 중요하다고 강조한 이유가 여기에 있다. 인사만 해도 그 친구의 심리 상태가 나비효과가 되어 고스란히 무대 전체를 감싼다. 이는 청소년에게 면접이나 말하기 대회, 입시 준비를 가르칠 때도 해당된다. 면접이든, 입시든, 모두 인사로 시작을 알리기 때문이다.

그 외에도 인사가 중요하다고 하는 이유가 있다. 90도로 인사하는 것은 우리의 목소리도 윤택하고 건강하게 만들어주기 때문이다. 어릴 때부터 인사는 크고 우렁차게 하라고 배웠던 것처럼, 목소리는 크고 윤택하고 건강한 목소리를 가
지고 있는 것이 좋다. 그래
야 작은 목소리도, 적당한
크기의 목소리도 낼 수 있
는 조절 능력이 생기고 사
람들의 귀를 사로잡는 매
력을 지닐 수 있게 된다.
그의 근원은 앞서 말한 복

식호흡인데, 90도 인사를 하면 저절로 복근이 눌려 횡격막이 올라가며
복식호흡을 하게 된다. 그래서 인사를 90도로 잘하는 친구들의 인사법
은 달라 보이고, 이들의 목소리도 면접이나 유튜브에서 남다른 힘을 갖
게 되는 것이다.

　　그렇다면 90도로 인사하는 복식호흡 훈련법을 배워보자.

---

1. 숨을 깊이 들이마시고 내쉬며 심호흡한다.

2. 다리는 어깨너비 보폭으로 넓게 벌린다.

3. 등은 꼿꼿하게 세운 상태에서 90도로 고개를 숙인다.

　　(90도까지 숙일 것!)

4. 팔은 어디에 기대지 않고 그대로 늘어트린다.

5. 바닥이나 의자에 읽을 대본 거리가 있으면 더 좋다.

6. 목이 꺾이지 않는 선에서 고개를 들고 대본을 읽거나 소리를 내어 인사한다.

실제 수업 시간에 이 방법으로 복식호흡 실습을 한다. 그러면 청소년 뿐만 아니라 많은 성인 수강생도 단기간에 목소리가 시원하고 커졌다며 반응이 뜨겁다.

다음 방법으로는 아이들과 놀이로 할 수 있는 복식호흡 실습 방법을 소개한다. 바로 '풍선 놀이'인데, 저렴한 풍선으로 다양한 방법의 놀이를 할 수 있다는 장점이 있다.

1. 풍선을 한 번에 불어서 아이와 부모의 호흡 양을 비교한다. (풍선 크기 비교)
2. 5숨, 10숨의 크기는 어떠한지 비교한다.
3. 풍선의 공기를 뺄 때는 입구를 늘리며 잡아 소리가 나게 한다.
   이것이 목소리의 원리임을 설명해준다.
   (공기가 나가면서 입구를 진동하며 소리를 내는데,
   이것은 성대의 원리와 같다. 또한 말하고 소리를 낼 때
   공기 양이 필요하다는 사실을 인지할 수 있다.)
4. 풍선 5개 불기 게임을 하여
   저절로 배의 힘과 공기의 양을 모으는 연습을 한다.
   (단, 갑자기 많은 공기의 양을 사용하여 머리가 아프고 어지럽다고 할 수 있다.
   아이가 어리거나 힘들어한다면, 작은 개수로 시작하고 숨을 충분히 쉬며
   휴식을 취하면서 개수를 늘려가는 것이 좋다.)

이 연습법은 다음과 같은 사람들에게 좋다.

- 목소리에 자신감이 없어 보이며 작고 힘이 없다.

- 말을 할 때마다 호흡이 짧고, 숨이 차다.

- 말을 많이 하면 목이 아프고, 목에 힘이 많이 들어간다.

- 남성보다는 여성에게 추천한다.

- 복근의 힘이 없어 말을 할 때마다 힘이 없고 지친다.

- 건강하고 윤택한 목소리를 갖고 싶은 의지가 있다.

- 입시, 면접, 발표 등의 중요한 대중 연설을 앞두고 있다.

- 목소리로 매력을 어필하고 싶다.

- 유튜브를 통하여 구독자들에게 좋은 목소리로 소통하고 싶다.

- 목소리를 통하여 신뢰감을 전달하고 싶다.

사실 이렇듯 모든 사람에게 좋은 것이 90도 인사를 통한 복식호흡법
이다. 그래서 모든 사람에게 권하고 싶다!

태도가 아이의 인생을 결정한다

두려움을 묻는 설문조사에서 '죽음'보다 더 높은 순위를 차지한 것은 '무대 공포증'인 것으로 나타났다. 평소 이야기를 잘 하다가도 대중 앞에서 선 순간, 아니 서기 전부터 왜 손에 땀이 나고 다리가 후들거리고 입 주변은 경련이 일어나는 것일까? 이건 바로 나의 이야기다. 그런데도 나는 '실전파'다. 강의할 때면 설렘과 기대감으로 마음이 떨린 적은 있어도, 두려움과 걱정으로 마음을 졸인 적은 거의 없다. 관중이 많을수록 설렜고, 수강생들이 반응할 때마다 희열을 느꼈다. 위에서 말한 공포는 면접이나 발표 시간에 두드러지게 나타났다. 즉 내가 '평가 대상'이 된 순간, 공포증이 발현된 것이다. 심리학자들에 따르면, 잘못될 가능성에 집중하는 경향이 무대 공포증을 유발한다고 말한다. 강의나 방송을 할 때는 실수를 하더라도 만회할 수 있는 내가 '주인공'이라는 생각에 긴장을 덜했지만, 발표나 면접은 '잘못될 가능성'이 공포를 유발한 것이다

(Rapee, R. M. & Heimberg. R. G. (1997). A cognitive-Behavioral model of anxiety in social phobia. Behaviour reaserch and therahpy, 35(8), 741-756).

다음은 강남 심리치료센터에서 발췌한 무대 공포증 증상이다. 아이와 함께 아이가 몇 개에 해당하는지 확인해보자.

- 사람들 앞에 노출되는 상황에 대해 지나치게 불안해한다.
- 가슴 두근거림, 통증, 식은땀, 목소리 떨림, 얼굴 붉어짐, 현기증, 또는 멍해지는 증상이 있다.
- 자신이 긴장할 것을 의식하고 불안해한다.
- 지나친 긴장으로 아무 생각이 나지 않을 때가 있다.
- 발표, 공연 전에 불면증 또는 두통, 복통, 설사와 같은 신체 증상이 있다.
- 자신의 실수에 대해 지나치게 걱정하고 불안해한다.
- 타인의 평가를 의식하며 자꾸 주변 눈치를 본다.
- 사람들 앞에 서야 하는 상황을 미루거나 취소하기도 한다.
- 또는 앞에 나서는 직책을 맡지 않으려 한다. 그런 상황을 회피한다.
- 사람들을 만나 대화하는 것에 지나친 스트레스가 있다.
- 긴장하지 않기 위해 약물을 사용하기도 한다.
- 이 증상으로 인해 일상생활, 사회생활에 지장을 받고 있다고 느낀다.

죽음보다 더 두려울 수 있는 무대 공포증은 생각보다 심각하지만, 이는 선천적인 문제가 아니라 심리적인 문제다. 강의를 다니다 보면 수강생들은 "앞에만 나오면 떨려요", "목소리가 나오지 않아요", "해야 할 말을 자주 잊어요" 등의 고충을 털어놓는다. 내가 능력이 있어서 자신감과 불안을 하루아침에 없어지게 할 수 있는 특효약이 있으면 참 좋겠다는 생각을 늘 한다. 그렇지만 발표 불안, 카메라 울렁증, 무대 공포증과 같은 것의 대답 역시 "많이 해보는 것"이다. 잘하고 싶고 실수를 하고 싶지 않은 마음이 근원이기 때문에, 잘못될지도 모르는 걱정에 두려움이 생기기 때문이다. 그래서 어디까지 했는지 무슨 말을 하는지 머릿속이 새까매지는 '블랙 아웃' 현상도 겪어보고, 실전에서 실수와 청중의 무반응을 겪어가며 대중에 대한 '내성'을 키우는 것이 가장 중요하다. 운전도 처음에는 서툴다가 계속하다 보면 자신감을 얻고 달려도 보고 차선 변경도 하지 않는가.

나는 아나운서 시험만 100번은 본 듯하다. 공중파, 종합편성채널, 케이블, 인터넷방송국, 지역방송국 등 수많은 방송국을 떠돌아다니며 카메라 앞에서 시험을 본 경험이 있다. 아나운서 시험은 첫 번째 관문이 바로 '카메라 테스트'다. (지상파는 서류전형 과정이 없다.) 카메라 테스트는 카메라 앞에서 인사와 뉴스 몇 줄 읽는 몇 초 안 걸리는 시험이다. 카메라 테스트를 위해 대기하는 동안 과연 아나운서 준비생들은 무엇을 할까? 크게 세 가지 부류로 나뉜다. 1번, 화장을 계속해서 수정한다. 심사위원들은 실제 우리 얼굴이 아닌 화면 속 얼굴을 보고 채점을 하기 때문이다. 2번, 발성과 발음 연습을 한다. '아, 에, 이, 오, 우' 입을 풀기도 하고, '안녕하십니까'를 수십 번 반복하고, 뉴스 대본을 읽으며 톤을 정리한다. 뉴스 멘트는 보통 시험 바로 직전에 주어지는데, 다른 대본이라도 부여잡고 읽어야 마음이 편안해진다. 3번, 셀카를 찍는다. 화면발을 잘 받기 위해 또 오래간만에 아름다운 내 모습을 기억하기 위해 셀카를 찍으며 미소를 짓는다. 미소는 면접의 생명 아닌가. 그렇다면 합격자는 과연 누구일까?

나도 카메라 테스트를 받을 때, 세 가지를 다 해보았다. 결과는 다 낙방이었다. 그러다가 유독 기억에 남는 친구가 있었다. 그 친구는 지금 주요 방송국에서 아나운서로 활발하게 활동하고 있다. 그 친구는 대기 시간에 아무것도 하지 않은 채 앉아만 있었다. 속으로 소위 말하는 '빽'이라도 있었던 것인가, 의문이 들어 그 친구에게 물었다. "너는 대기 시간에 무얼 하고 있었던 거야?" "인화야, 나는 그때 아나운서 시험장이 아니었어. 생방송 5분 전이었어." 그렇다. 이미 준비된 마음가짐과 태도가 그녀의 오라를 빛나게 한 것이다! 그때의 경험으로 마음가짐과 태도가 장착되어 있었고, 드디어 합격 소식을 접할 수 있었다. 합격 소식을 접할 수 있었던 비결은 이 마음가짐과 태도를 표현하는 방식으로, 바로 '센 척'하는 것이다.

'센 척'하는 것은 딱 세 가지만 기억하면 된다. 태도는 아이의 인생을 결정할 수 있으므로, 주목해야 할 점이다.

보폭을 넓게 하여 걷자

무조건 발의 보폭을 크게 하며 걷고, 섰을 때도 발가락 끝까지 힘을 꾹 준다. 강의 중에 몇 명의 수강생들에게 앞에 나와서 발표를 하도록 권했을 경우, 대부분 앞으로 나올 때 종종걸음을 하며 작은 보폭으로 걸어들어온다. 그러면 이미 나왔을 때부터 자신감 상실과 불편함이 보인다는 인상을 받는다.

겨드랑이를 오픈한 자세를 취하자

가장 중요하다! 겨드랑이를 드러내야 자신감이 있어 보이는데, 그렇다고 위아래로 겨드랑이를 보이면 민망한 상황이 연출될 수 있으니 주의할 것! 옆으로 겨드랑이를 열어 손을 모아서 인사를 하고, 몸짓할 때도 겨드랑이를 붙이지 않고 시원하게 연출한다.

고개를 들고 먼 산을 바라보자

고개를 아래로 내리는 순간 지는 것이다. 고개를 들고 시선은 멀리 던져라. 너무 떨려 눈 맞춤까지 하기 힘들다면 무조건 시선은 먼 산을 보자. 그래야 큰 그림을 보는 듯한 여유가 뿜어져 나온다.

내가 면접이나 발표할 때, 앞에서 긴장하고 떤다는 사실을 아는 사람은 아무도 없었다. 그 비결은 바로 당당해 보이는 '자세'에서 나온 것이었다.

이런 불안증을 해소하면서 이미지도 예뻐 보이게 하는 비결이 하나 더 있다. 일명 '카메라와 사랑에 빠지기'다. 보통 유튜브 방송을 시작할 때 "도대체 어디를 쳐다봐야 해요?", "카메라는 어디까지 비추어야 해요?" 하고 고민하기 마련이다. 대답을 주면 다음과 같다.

무조건 카메라를 보아야 한다. 나 자신이 예쁘게 나오나 궁금한 마음은 백번 이해하지만, 화면을 보면 유튜브 시청자로서는 다른 곳을 보고 이야기하는 듯한 느낌이 들어 불편함을 느끼기 쉽다. 그래서 카메라를 보며 대화하듯 이야기하는 습관을 들이는 것이 좋다. 그것이 어렵다면 좋아하는 연예인 사진을 조그맣게 뽑아서 카메라 바로 위쪽에 붙여라! 사랑에 빠진 눈으로 카메라를 쳐다보는 연습에 딱 맞는 훌륭한 방법이 된다.

카메라를 잡을 때는 '풀샷full-shot', '니샷knee-shot', '웨스트샷 waist-shot', '바스트샷bust-shot', '헤드샷head-shot'이 있다. 춤을 보여주거나 패션을 다루는 유튜버는 보통 '풀샷'을 사용하고, 메이크업과 같이 얼굴을 자세히 보여줘야 하는 유튜버는 '헤드샷'을 사용한다. 그 외에 대부분의 유튜버는 '바스트샷'을 선택하고 카메라를 쳐다보며 대화하듯 말하는 소통 진행 방식을 선택한다. 그래서 '바스트샷', 즉 가슴까지 나오게 잡는 것이 가장 안정적인 방법이다. 또한 카메라는 아래

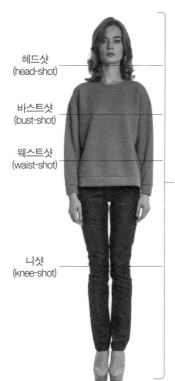

헤드샷
(head-shot)

바스트샷
(bust-shot)

웨스트샷
(waist-shot)

풀샷
(full-shot)

니샷
(knee-shot)

에서 위로 비추는 것보다 약간 위에서 아래로 잡되, 피사체(찍히는 자녀) 쪽으로 카메라가 쏠리게 배치한다면 화면에 예쁘게 나오니 참고하면 좋은 팁이다.

이렇게 카메라, 무대, 발표, 면접 등에 많이 노출된 사람은 발표 불안에 큰 개선점을 보이는 것은 물론이고, 자신감이 높아질 수밖에 없다. 일단 무대에 많이 서본 경험은 무시할 수 없으며, 그 경험에서 관중의 반응에 희열을 맛보기 쉽기 때문이다. "네 발표 잘 들었어! 정말 잘하더라~", "와, 네 유튜브 정말 재밌더라! 어쩜 그렇게 진행을 잘하니?", "잘 보고 가요. 구독 꾹 누르고 갑니다" 등의 응원과 반응이 우리 아이의 자신감을 높여주고 재미와 흥미를 돋우는 충분한 동기부여가 된다. 발표 불안, 무섭다고 피하기만 할 것인가, 아니면 카메라 앞에 서서 재미있게 극복해낼 것인가, 당신의 선택에 달려 있다.

On Air,
순발력 있게 말하기의 비밀

　대부분의 사람은 무슨 말을 어떻게 해야 하는지 막막해하는 경우가 많다. 자기 생각과 감정을 주고받는 과정인 의사소통을 하는 것이 생각보다 쉽지 않을 수 있다. 그러나 효과적으로 전달하는 기법에 대해 기초부터 연습한다면, 어렵지 않게 습득할 수 있다.

　일단 중요한 말을 할 때 먼저 말해야 할까, 나중에 말해야 할까. 말을 길고 장황하게 하며 지루하게 느껴지는 말을 끝까지 다 들어도 무슨 말을 하려는지 목적을 파악하기 어려운 사람들이 있다. 그들의 공통점은 중요한 말을 '나중에' 한다는 것이다. 중요한 말을 서두에 두는 것을 연역적 접근법이라고 하고, 많은 논거와 설명 후에 중요한 말을 하는 것을 귀납적 접근법이라 한다.

```
주제+WHY+예시(자신의 경험)+결론(IF)
```

연역적 접근법은 무엇을 원하는지를 서두에 두고, 나머지 부분에서 청중이 자신이 원하는 대로 해야 하는 이유와 논거를 설명하는 것을 말한다. 이 방법이 귀납적 접근법보다 효과적인 이유는 청자들에게 주제에 대해 '목적성'을 부여하게 되고, 주제에 대해 마음을 열 '시간'과 '기회'를 제공하기 때문이다. 그리고 하고자 하는 요점에 대해서 파악이 빠르고 쉽게 전달할 수 있다.

귀납적 접근법은 숙달된 사람이 아니라면 중간에 이야기의 다른 방향으로 흘러가기 쉽고, 다소 말이 길어지고 장황해져 주위를 산만하게 해주제 전달에 효과적이지 못한 실수를 범하게 된다. 그래서 주제를 말하여 호기심을 자극한 후, why 설명, 특히 자신의 경험을 곁들여 말한 뒤에 결론은 "만약 ~를(을) 한다면," 긍정적인 효과를 한 번 더 상기시켜 아름다운 마무리를 짓기 위함이다.

```
숫자 > 명사 > 동사
```

다음은 언어가 가진 힘의 세기를 순서대로 나열한 것이다. 동사보다는 명사가, 명사보다는 숫자가 생각의 폭을 줄이고 그 생각을 강력하게 만드는 효과가 있다.

a. 만득이는 공부를 잘한대.

b. 만득이는 모범생이래.

c. 만득이는 전교 1등이래.

'전교 1등＞모범생＞공부를 잘한다'는 순서로 공부를 잘하는 정도에 대해 다가오는 느낌이 다른 것을 알 수 있다.

a. 피자 30% 할인 (5,500원→3,850원)

b. 피자 1,650원 할인 (5,500원→3,850원)

같은 가격의 피자인데도 1,650원 할인보다 30% 할인이 더 싸게 느껴진다. 숫자와 명사로 하고자 하는 말을 강조하고 상대방에게 강력한 메시지를 전달할 수 있다. 그렇다면 평소에 말할 때 숫자와 명사를 많이 사용하면 말의 힘은 강력해질까? 정답은 '아니다'이다. 말은 쉽고 재미있어야 들리기 마련이다. 듣기 편한 말이 듣기도 좋고, 듣고 싶은 욕구를 불러일으킨다. 그래서 우리는 '동사'로 '살아 있는 말'을 하는 것이 좋다.

a. 우리의 목표는 일상생활과 포트폴리오를 연결함으로써,
유튜브의 장점을 얻고자 함이다.

b. 우리는 일상과 포트폴리오를 한데 묶어
유튜브의 좋은 점을 느끼고 싶다.

같은 의미의 말이지만 명사로 연결한 것과 동사로 말하는 것에 대한

체감 난이도가 다르다. 명사로 말하면 딱딱하고 무겁고, 한 번 더 사고 작용을 통해 이해하는 과정을 거쳐야 한다. 반면 동사로 말하면 바로 이해되고 받아들이기가 수월하다. 평소 말할 때는 전달력과 상대방에 대한 배려를 위해 동사로, 강조를 하고 싶을 때는 명사와 동사를 활용하는 것을 기억하자.

성경, 설화, 동화, 소설, 영화, 드라마, 노래 경연 프로그램까지 우리는 스토리텔링을 흔히 만날 수 있다. 사실 우리가 흥미로워하고 열광하는 것에는 모두 '스토리'가 있다. '스토리텔링'은 '스토리(story)'와 '텔링(telling)'이 결합한 합성어다. 텍스트 중심의 '스토리'가 '텔링'과 만나 상호성과 정태성을 가지고 이것이 동태적인 '이야기하기(narrating)'로 바뀌는 과정에서 등장한 용어다. 즉 우리가 듣거나 직접 겪은 '경험'이나 '사실'에 생명을 불어넣어 사람들에게 '전달'되는 행위다. 멀리서 찾을 것도 없이 어린 시절 침대맡에서 엄마가 읽어주던 책, 할머니가 들려주던 옛날이야기, 자꾸 울면 망태 할아버지가 잡으러 온다던 협박 등 모든 것이 스토리텔링이다.

강의 시간에 청소년들에게 발표, 연설, 강의 등을 하라고 하면, 대부분의 친구가 유명한 명언, 예시, 사례 연구, 조사, 수치 등을 활용한다. 이는 이성에 호소하는 효과로 "그 말이 맞군!" 하는 설득의 효과가 있다. 소수의 친구가 선택하는 방법이 있는데, 그것은 데이터 입증 목적의 '자신의 이야기'다. 이는 마음에 호소하는 방법으로 "참 마음에 드는군!"이라는 감정을 갖게 한다. 우리는 모두 감정을 가진 사람으로 이야기를 듣는 청자로서 객관성을 유지하려고 하지만, 감동을 주고 감정을 움직이는 이야기에 설득당하기가 쉽다. 예를 들어 복잡한 삼각관계 등의 이야기가 사실인 '데이터'로 다가왔을 경우는 비난의 대상이 된다. 그러나 막장 드라마의 주요 소재가 되면 우리에게 중독성을 주기도 한다. 위 두 유형인 데이터와 스토리의 적절한 배합은 청자들의 귀를 사로잡는 데에 충분하다.

그럼 스토리텔링을 잘하는 비결은 무엇인가? 구체성과 인과관계라고 말하고 싶다. 많은 이들이 자신의 평범하고 일상적인 이야기가 과연 매력이 있을까 두려움을 갖지만, 이야기에 구체성과 인과관계를 장착하면 날개가 생겨 훨훨 날아다닐 수 있다. 자신의 이야기를 하라고 하거나, 소재거리를 나열한 후 이야기를 만드는 수업을 하면 단순한 사실을 나열하기 바쁜 수강생이 대부분이다. 나의 평범한 이야기를 특별하고 재미있게 만드는 비결인 '인과관계'를 불어넣는 것을 명심하자.

a. 철수가 영희를 좋아하고 나서 영희도 철수를 좋아했다.

b. 철수는 영희를 좋아하여 끊임없는 구애를 하자,

  영희는 감동하여 철수에게 사랑에 빠졌다.

c. 철수와 영희는 서로 사랑하는 사이다.

  철수가 영희를 보자마자 사랑에 빠져 무려 3년 동안 끊임없는 구애를 했다.

  영희는 그의 포기하지 않는 열정에 감동하여 결국 사랑에 빠지고 말았다.

129

첫 번째는 단순한 사실을 나열한 것이다. 그러자 평범하고 탄산이 빠진 콜라와 같은 느낌이다. 두 번째는 '끊임없는 구애'라는 인과관계가 들어가자, 조금 더 재미가 가미된 스토리가 되었다. 세 번째는 앞에서 말한 '연역적 스피치' 방식에 '인과관계'와 '구체성'까지 합쳐져 하나의 '스토리'가 된 예시다.

같은 이야기일지라도 인과관계를 넣으면 재미와 감동이 생길 수 있다. 토비아스에 따르면 이야기를 재미있게 만드는 스무 가지 플롯이 존재하는데, 이는 추구, 모험, 희생, 라이벌, 희생자, 수수께끼, 추적, 유혹, 발견, 복수, 구출, 변신, 변모, 성숙, 사랑, 상승과 몰락이다. 우리가 열광하는 드라마나 오디션 프로그램에는 이 플롯 중 여러 형태가 사용되고 있다. 특히나 '갈등'적인 요소를 극대화하면 이야기는 더욱더 흥미진진해진다.

이러한 '스토리텔링'을 잘하기 위해서는 많은 소재거리가 있으면 유리하다. 그래서 훌륭한 화자는 무엇이든 많이 읽고, 경험하는 것이 좋다. 간접적이나 직접적인 경험들이 모여 구체성과 인과성을 만나 스토리가 되는 것이다. 그러나 우리의 기억력에는 한계가 있다. 읽고 경험한 것을 지적 자산화하기 위해서는 메모하고 스크랩을 통해 기록하고 기억해야 한다. 우리가 습득한 정보의 60%는 1시간 이내에 사라져버린다는 연구도 있다. 그래서 공부를 잘하는 방법도, 기억력을 높이는 방법도 1시간 이내에 복습하고 기록하는 것이다.

우리에겐 바로 그 수단이 '유튜브'가 될 수 있다. 특별할 것 없는 내 일상도 촬영하고 기록하여 인과성과 구체성을 담아 편집하면 충분히 재미난 영상물로 결과를 낼 수 있다. 인과성과 구체성을 밑그림 삼아, 당신과 우리 아이의 창의력과 재치를 얹는다면 최고의 밥상이 될 수 있다.

before	after
영화 〈굿 윌 헌팅〉을 아십니까? 영화에서 윌은 뛰어난 두뇌를 가진 그지만, 분노를 쉽게 표출하는 문제아이기도 합니다. 윌에게 방황의 이유가 있었는데 친부모에게 버림받고 계모에게 학대를 받은 아물지 않은 상처가 있었기 때문입니다. 시궁창 같은 현실을 원망했고 버려지는 것이 두려워 밀쳐내기 일쑤였습니다. 어쩌면 우리가 모두 듣고 싶은 그 말이 있습니다, "네 잘못이 아니야." 범죄피해자란 타인의 범죄행위로 피해를 본 사람과 그 배우자, 직계가족 및 형제자매로 범죄피해자 보호법 제3조에 규정하고 있습니다.	저를 따라 세 번 외쳐주시길 바랍니다. 첫 번째, 우리 자신을 위해, "네 잘못이 아니야." 두 번째, 옆에 있는 친구들을 위해, "네 잘못이 아니야." 마지막으로, 세상의 가슴 아픈 피해자들을 위해 "네 잘못이 아니야." 이 대사는 제가 가장 감동한 영화 〈굿 윌 헌팅〉에 나오는 대사입니다. 마음의 상처를 받은 남자 주인공에게 위로를 건네는 말이지요. 저는 오늘 범죄피해자들에게 "네 잘못이 아니야"라는 말을 하기 위해 이 자리에 섰습니다.
세상에 유일한 분단국가, 그곳이 어딘지 아십니까? 네, 맞습니다. 바로 우리나라와 북한입니다. 국제사회 속 유일한 분단국가인 남한과 북한을 보면서 평화에 대해 고민을 하게 되었고, 남북통일의 필요성에 대해서 느끼게 되었습니다. 그래서 독일의 통일에서 찾는 남북통일에 관해서 이야기하고자 합니다. 우리가 독일의 분단과 통일의 과정을 살펴보고, 우리나라와 무엇이 다른지 이야기해보겠습니다.	저는 궁금합니다. 평양냉면을 왜 평양에서 못 먹을까요? 수학여행으로 백두산을 가기가 왜 그리도 어려울까요? 광주보다 가까운 북한은 왜 한 번도 구경조차 하지 못했을까요? 그것은 바로 우리가 유일한 분단국가이기 때문입니다. 가슴 아픈 역사를 안고 사는 우리나라를 보며 평화에 대한 필요성을 절실히 느꼈습니다. 그래서 독일의 예시를 통하여 우리나라의 평화와 통일에 대해 이야기를 해보고자 합니다.

다음은 필자가 고등학생들의 강사대회에서 수정해준 강의 대본이다. 이 예시를 보면 스토리가 얼마나 중요한지, 단순한 설명과 소개는 흥미 효과가 왜 미비한지를 알 수 있다.

첫 번째 친구는 전하고자 하는 메시지는 좋았으나, 단순한 설명 형식을 이루고 있어 청자들의 귀를 사로잡기에는 부족한 점이 있었다. 그래서 중요 메시지인 "네 잘못이 아니야"를 세 번 청자들이 같이 외치게 하여 관심을 유도하는 방법을 선택하도록 조언했다. 중요한 메시지가 전달되면, 그 영화의 배경 설명이나 자세한 내용은 굳이 설명할 필요가 없기 때문이다.

두 번째 친구는 질문 형식으로 시작했으나, 누구나 아는 다소 당연한 질문을 하여 질문 효과가 줄어들었다. 그래서 머릿속에서 평양에서 평양냉면 먹는 모습, 수학여행으로 백두산을 가는 모습, 남한인 광주보다 가깝다는 이미지 등을 그려놓게 하여 구체적인 기억과 접근성을 높이게 했다.

'꿀잼'인 이야기는 자신의 생생한 경험이다. 특히 과거와 현재가 어느 특정한 '계기'에 의해서 변화하고 성장하는 과정과 영향력을 이야기하면 나만의 이야기가 완성된다. 물론 유명한 사람의 명언이나 일화를 활용하는 것도 좋은 방법이 될 수 있지만, 그들의 이야기로만 가득 채운다면 나의 이야기가 될 수 없다. 유명인의 일화나 명언이 나에게 구체적으로 어떠한 영향력을 미쳤는지 사례를 들어 이야기한다면 훌륭한 소재거리가 될 수 있음을 명심하자.

단순한 설명이나 나열을 무조건 지양하라는 것은 아니다. 어렵고 전문적인 지식을 설명할 때 필요한 스피치 기법인 것은 맞지만, 자신의 이야기가 없는 설명은 지루하고 개성 없는 뻔한 이야기가 될 수 있음을 명심하라는 뜻이다. '꿀잼'인 이야기를 만드는 비밀은 뻔하고 모호한 것들을 구체적이고 나만의 것으로 둔갑시키는 연결 고리다.

다음은 수업 시간에 많이 쓰는 '스토리텔링 게임'이다. 주어진 소재거리로 이야기를 만들어봄으로써, 순발력을 함양시켜주고 스토리텔링 연습을 할 수 있는 게임이다. 규칙은 다음과 같다.

> 1. 각 번호에서 1개 이상의 소재거리를 활용한다.
> 2. 선택한 소재거리로 인과관계를 살려서 이야기를 만들어본다.
> 3. 당신의 상상력과 논리력을 마음껏 활용해보자.

즉석에서 말을 해보는 것보다 간단하게 글로 써서 다듬는 것이 더 좋다. 이 게임은 자녀들과 하기에도 좋은 게임이므로, 아이의 논리력과 상상력을 발달시키고 싶다면 함께 해보는 것을 권한다. 주어진 소재거리 외에 주변에 친근한 것들을 소재거리로 변형하여 해도 재밌다.

1. 희망-분노-좌절-시련-고통-참혹-슬픔-기쁨
2. 수지-장동건-원빈-전지현-김태희-박명수-강호동-유재석-친한 친구 이름
3. 자장면-김치-불닭발-고등어-똥-만두-김밥-커피
4. 민들레-국화-채송화-진달래-장미-목련-해바라기-나팔꽃
5. 중국-인도-미국-프랑스-제주도-스위스-영국-여의도

대부분의 사람이 다음과 같이 이야기를 만든다.

〈일반적인 예〉

여름휴가로 '제주도'로 떠나게 되었는데, 비행기에서 내가 좋아하는 '유재석' 씨를
만났다. 그래서 그와 '민들레'를 구경하며 '자장면'을 먹었다. 참 '기뻤다.'

이는 소재거리를 단순히 나열하여 이야기를 엮은 방식으로, 재미와
감동을 주기에는 부족하다.

〈재치가 느껴지는 좋은 예〉

나는 '고등어'다. '장미' 꽃다발을 들고 '수지' 닮은 여자 친구 갈치를 만나러 가는
길이었다. 그런데 갑자기, '중국' 원양어선이 나타나 내 여자 친구를 잡아갔다. 살
아 있을까? '참혹'하고 '슬픈' 감정이 벅차올라, '국화'를 바다에 뿌려주었다.

단순히 먹을거리라고 생각할 수 있는 '고등어'를 자신으로 의인화하여
재치가 느껴진다. 또한 '원양어선'이라는 갈등 플롯을 가져와서 재미가

증폭된다. 스토리는 이렇듯 단순한 나열이 아닌 '플롯'의 활용과 '갈등 관계의 활용'으로 만들어질 수 있다.

우리는 10년 넘게 영어를 배우면서도 문법과 독해는 강하지만, 말하기와 작문에 약하다. 필자는 가장 큰 원인은 어순에 따른 사고방식의 차이라고 생각한다.

영어: 주어+동사+목적어+(전치사+장소/시간/함께한 사람 등)

한국어: 주어+목적어+(장소, 시간, 사람)+동사

영어는 주어가 무엇을 했는지 동사가 주어 다음으로 나와 주어와 행위가 중요한 언어다. 가령 'Minsu loves Suji'라는 문장이 있다고 할 때, 민수가 '사랑하는' 것이 중요하다. 그다음 '수지를'이라는 목적어는 가장 뒤에 나오는 사고방식이다. 그러나 한국어는 주어와 목적어가 먼저 나오기 때문에, 이 둘이 우선순위가 될 수밖에 없다. '민수가' '수지를(…? 그래서 뭐? 좋아해? 싫어해?)'이라는 단어가 먼저 떠오른다. 그다음 동사가 나오기 때문에 사고방식의 우선순위에서 뒤를 차지하는 것이다.

이걸 연역적인 것과 귀납적으로도 적용할 수 있는데, 주어와 동사가 먼저 나오는 영어는 이미 결론이 동사에서 나오기 때문에 '연역적'인 사고방식을 하게 되는 언어이고, 한국어는 동사가 가장 나중에 나와 무엇을 했는지가 맨 뒤에 나오기 때문에 '귀납적'인 사고방식을 하게 되는 언어라고 할 수 있다. 스토리텔링을 잘하고 싶다면, 영어 공부를 하듯 당분간은 주어와 동사에 주목하는 사고방식, 중요한 결론부터 내는 연역적 사고방식을 하는 것을 추천한다.

예를 들어 이순신 장군에 대한 스토리텔링을 해보도록 하자.

> 영어식: 이순신 장군은/조선을 지켜냈다/12대 330로 싸워서
> 한국식: 이순신 장군은/12척의 배로 330척의 왜군을 무찔러/
> 조선을 지켜냈다.

영어식은 '이순신 장군'이 '조선을 지켜낸 것'이 먼저 떠오른다. 한국식은 '이순신 장군'이 '어떻게' 싸웠는지를 먼저 떠올린 후에야 조선을 지킨 것이 떠오르는 방식이다.

> 영어식: 나는/아나운서가 되었다/100번의 시험을 본 후에야
> 한국식: 나는/100번의 시험을 본 후에야/아나운서가 되었다.

영어식은 '내'가 결국은 '아나운서가 된 사실'에 주목하고 있고, 한국식은 내가 '100번의 시험을 본 것'이라는 행위에 주목하고 있다. 그러나 스토리텔링에서 가장 중요한 것은 바로 주어와 동사다. 주어가 무엇을 했는지 '행위'를 결정한 후에, 이어서 '어떤 과정'을 했는지 플롯을 통해 갈등을 증폭시키는 사고방식을 한다면 훌륭한 이야기꾼이 될 수 있다.

오바마는 명연설을 '했고', 이순신 장군은 나라를 '지켰고', 세종대왕은 한글을 '창제하셨고', 김연아는 전 세계 대회에서 '금메달을 수상'했고, 나는 100번의 시험을 본 후에야 겨우 '아나운서가 되었다.' 이렇듯 스토리에는 주어가 무엇을 했는지가 강렬한 메시지가 된다. 그 후에 무엇을, 어떻게 하게 되었는지, 무슨 플롯을 쓰는지에 따라 이야기의 재미가 증폭된다.

그래서 스토리텔링을 잘하고 싶다면, 영어식 발상처럼 주어와 동사에 주목하고, 중요한 결론부터 내서 이야기를 꺼내 궁금증과 호기심을 자아내는 연역식 말하기를 적극 추천하는 것이다. 유튜브에서도 이것이 적용된다. 앞부분 30초 안에서 시청자들은 시청 여부를 결정하기 때문에, 앞부분에 재미 요소와 강력한 임팩트를 주는 것이 좋다. 그래서 앞부분에 중요한 것을 배치하는 영어식 사고방식이 필요하다. 기억하라! 시청자들은 인내심이 크지 않다는 것을.

자녀를 가르치기 위한 스피치 지식사전

　꿈의 학교-방송체험 수업의 첫날이면 항상 있는 일이다. 친구들에게 왜 이 수업을 듣게 됐으며, 무엇을 배우고 싶은지에 대해서 꼭 묻는다. 그러면 열에 아홉은 "엄마가 시켜서요"라는 대답을 한다. 아뿔싸! 이번에도 자신들이 원해서 온 아이들이 거의 없다. 매번 실습과 발표로 이루어지는 수업인 데다가 촬영이 목적이다 보니, 적극성이 없으면 난감하다. 역시나 세 번째 수업 정도까지는 "발표해볼 사람?", "먼저 해볼 사람?"이라고 물으면 손을 드는 친구가 아무도 없다. 신기하게도 첫 촬영 수업이 지난 후에야 슬슬 아이들에게도 적극성과 재미가 눈빛에 돌기 시작한다. 카메라 속에 비친 자신의 모습이 신기하기도 하고, 새로운 경험을 통해 자신 안에 있던 끼를 발견한 까닭이다. 그래서 '엄마가 시켜서'라도 새로운 경험을 선사해주는 역할이 중요하다.

스피치 강사로서, 부모가 아이에게 조언하고 피드백을 하는 법을 알려주고자 한다. 이것은 단순히 유튜버뿐만 아니라 발표를 하고 면접을 볼 때도 중요한 부분이므로 아이에게 이렇게 조언해주길 권한다.

분야	내용
복식호흡	· 소리가 멀리까지 전달되는가? · 목소리에 힘이 있는가? · 호흡이 끊기지 않는가?
발성	· 속도는 적절하게 말하는가? · 톤의 높낮이가 적당한가? · 목소리의 크기는 적당한가?
발음	· 입은 크게 벌리고 말하는가? · 받침과 이중모음의 발음이 명확한가? · 웅얼거리며 말하는가?
시선과 자세	· 카메라를 제대로 응시하는가? · 겨드랑이, 시선, 발은 잘 사용하고 있는가?(자세 편 참고) · 몸짓을 적절히 사용하고 있는가?
기술	· 강조를 잘 하고 있는가? · 연역적으로 말하고 있는가? · 이해하기 쉽게 말하고 있는가?

목소리를 내는 기관은 크게 네 개로 나뉜다. 호흡기관, 발성기관, 조음기관, 공명기관. 호흡기관은 앞에서 말한 복식호흡을 하는 기관으로 목소리의 원동력이라고 할 수 있다. 그래서 복식호흡을 하면 건강하고 윤택한 목소리를 낼 수 있다. 또한 길게 말하거나 당황하더라도 원동력이 받쳐줘야만 호흡이 끊기지 않고 유지될 수 있다.

발성기관은 성대를 말하는 것으로 목소리 톤의 높낮이와 크기를 결정한다. 성대는 아주 약하므로 갑자기 크게 말하거나 건조하거나 염증이 생기면 성대결절이 올 수 있어 평소 관리가 중요하다.

조음기관은 혀와 입으로 발음을 결정한다. 우리나라 말은 소리 모양과 기능이 긴밀하게 연결된 언어로 입 모양과 혀의 위치를 정확하게 하면 발음이 정확해진다.

공명기관은 코와 입의 빈 곳을 말하는데, 이곳을 많이 울리면 분위기 있는 목소리를 낼 수 있다.

보이스 트레이닝은 하루아침에 이루어지기가 어렵다. 발음 역시 어릴 때부터 습관을 들여놓아야 좋은 발음을 구사할 수 있다. 발음이 안 좋은 이유는 무엇일까? 이유는 단 하나다. 조음기관인 입과 혀가 게을러서다. 어릴 때 외국에 살다 온 아이들이 원어민 발음을 구사하는 것처럼, 어릴 때부터 한글의 위대함을 알려주고 그에 맞는 발음법을 구사하도록 교육하는 부모의 역할이 중요하다.

잠시 1년 정도 미국에서 공부한 적이 있다. 그때 나의 영어 발음이 영 안 좋았는지, 교수님은 나에게 "Language Disorder Center"의 프로그램을 추천했다. 조음기관이 제대로 움직이는지부터 시작하여 청각 테스트를 받은 후, 'mother', 'father'의 발음부터 교정받기 시작했다. 그러면서 깨달은 사실은 그 쉬운 단어인 '엄마', '아빠'도 나는 제대로 발음하지 못하고 있었다는 것! 제1언어가 영어가 아니었던 나에게 쉬운 일이 아니었지만, 이는 또 어린 시절부터 체계적인 반복 학습이 중요하다는 것을 의미하기도 한다.

아이들의 변성기를 고려하여, 여기서는 발성과 공명 등의 목소리 훈

런보다는 기본적인 복식호흡과 발음, 그리고 강조 기법에 집중하고자 한다.

우리나라 한글의 위대함은 세계적으로도 인정받고 있을 만큼 유명하다. 그러나 구체적으로 이를 알고 있는 이는 거의 없다. 그래서 조음기관에 대해 강의할 때, 반드시 한글의 위대함에 대해서 깨닫는 시간을 가진다. 훈민정음의 첫 구절인 "나랏말싸미 듕귁에 달아 문짜와로 서르 사맛디 아니할세…" 부분을 이해하기 쉽게 현대어로 바꾼 내용은 다음과 같다. "우리나라의 말이 중국말과 달라서, 한자와는 서로 통하지 아니하므로, 이런 까닭에 어진 백성들이 말하고 싶은 것이 있어도, 그 뜻을 담아서 나타내지 못하는 사람이 많으니라. 내가 이것을 딱하게 여겨 새로 스물여덟 글자를 만들어 내놓으니, 모든 사람이 쉽게 깨우쳐 날로 씀에 편하게 하고자 할 따름이니라." 우리의 말은 있어도, 글자가 없어서 생기는 불편함과 억울함은 상상보다도 클 것이다. 백성들은 감히 글을 읽을 줄 모르니 돈을 모아서 땅문서 하나 마련하기 어려웠고, 신분끼리의 차별은 말 그대로 넘을 수 없는 벽이었을 것이다.

창제의 뜻도 좋지만, 창제의 원리를 살펴보면 위대함에 감탄하지 않을 수 없다. 《한글의 역사와 미래》에 따르면, 한글의 가장 특이하고 흥미로운 요소는 시각적인 모양과 시각적인 기능 사이에 치밀한 대응이 있다는 것이다. 모양 자체가 그 소리와 관련된 발음기관을 본떠 꾸민 것이기 때문에, 글자를 보면 소리를 어떻게 내는지 이해하기 쉽다. 글자에 백성들도 읽고 쓰기 쉽게 만든 이유가 그대로 녹아 있는 것이다. '이것은 정녕 언어학적인 호사의 극치'라고 언어학자도 칭송하는 것을 보면, 우리는 얼마나 고마운 나라에서 태어났는지 감사해야 할 필요가 있다. 말과 글을 같게 만든 한글의 창제 원리를 기본으로 하여 강의하면 놀라운 효과가 나타난다. 일반 수강생을 비롯하여 남한에 와서 말투 때문에 차별을 받던 탈북민들에게, 어눌한 말투와 서툰 감정 표현으로 소외당하는 발달 장애 청년들에게, 한글의 창제 원리를 알려주고 그대로 발음 교정을 했더니 발음에 유의적인 변화가 나타난 것이다.

한글은 자음 소리 19개와 모음 소리 21개의 음운적 최소 단위를 갖고, 이 자음과 모음 40개의 음운적 최소 단위가 각각의 독립적 음소를 갖고 있다. 또한 두 음소가 결합하여 한 글자를 이루어도 말의 소리와 글자의 소리가 정확하게 대응한다. 자음부터 살펴보면, 받침의 발음에 주의해야 한다.

'ㄱ'은 혀뿌리가 목구멍을 막으며 굽어진 모양을 본뜬 것으로, 받침에 올 때 힘을 주어 발음하지 않으면 얼버무리는 듯한 인상을 준다. 'ㅁ'은 한자 '口'를 본뜬 것으로, 양 입술이 부딪치는 모양이며 받침으로 올 때는 반드시 입술을 오므려야 정확한 발음이 나온다. 'ㄴ'은 혀끝으로 윗잇몸을 막는 모양이다. 많은 이들이 'ㄴ'을 발음할 때 혀를 안으로 넣거나 움직이지 않는 실수를 범하는데, 생각보다 혀가 윗잇몸을 막을 정도로 앞으로 튀어나와야 정확한 발음이 구사된다. 가장 어려워하는 발음 중 하나인 'ㅅ'은 앞 입천장에 헛바닥이 좁게 올라간 모양으로, 혀의 위치를 잘못 두면 'th'나 새는 소리가 날 수 있음을 유의하자.

한글의 자음은 기본적으로 ㄱ, ㄴ, ㅁ, ㅅ, ㅇ으로 다섯 가지 발음 연습을 하는 것이 중요하다. 이 다섯 가지가 자음이 나머지 자음들의 시초이기 때문이다. 이 다섯 가지 발음을 정확히 할 줄 알아야 나머지 자음들의 발음도 정확하게 할 수 있다.

　　'ㄱ'에서 'ㅋ', 'ㄲ'이 기원된 것이고, 'ㄴ'에서 'ㄷ', 'ㅌ', 'ㄸ', 'ㄹ'이 생겨난 것이다. 또한, 'ㅁ'에서 'ㅂ', 'ㅍ', 'ㅃ'이 발전된 것이고, 'ㅅ'에서 'ㅈ', 'ㅊ', 'ㅆ', 'ㅉ'이 생겨났으며, 'ㅇ'에서 'ㅎ'로 만들어졌다. 이는 훈민정음에서 '정음 28자 천문 방각도'에서도 기입하고 있다. 'ㅁ'의 경우는 한자 口(입 구)에서 따온 모양인데, 입술끼리 부딪쳐서 나오는 소리이기 때문이다. 아가들이 "엄마", "맘마", "아빠" 등의 단어를 처음 시작하는데, 부모들이 온종일 그 단어를 하도록 반복하여 교육한 효과일 수도 있지만 사실 다른 조음기관인 혀나 치아를 사용하지 않고 입술로만 나올 수 있는 쉬운 소리이기 때문에 가능한 일이기도 하다. 그래서인지 전 세계의 "엄마"라는 뜻을 가진 단어는 대다수 'ㅁ' 소리를 가지고 있다. 한국어 [엄마], 영어 [mama(마마)]/ mom(맘), 독일어 [Mama(마마)], 중국어 [媽媽/(마마)], 러시아어 [мама]를 봐도 알 수 있다. 그러므로 아이들에게 'ㅁ' 계열 발음부터 연습시키는 것이 좋다. 참고로 강의를 하다 보면 수강생들이 쉽게 느끼는 난이도의 순서는 다음과 같다.

ㅇ〉ㅁ〉ㄱ〉ㄴ〉ㅅ

모음의 경우는 원리가 간단하다. 모양 그대로 보고 판단하면 될 정도다. 'ㅗ', 'ㅜ'는 점이 가운데에 찍혀 있으므로 입을 모아서 발음한다. 'ㅏ', 'ㅓ'는 점이 옆으로 찍혀 있으므로 입을 충분히 벌려서 소리를 확보해야 하는 문자다. 'ㅡ', 'ㅣ'는 쭉 뻗은 모양으로 입술 역시 양옆으로 시원하게 찢어 소리를 내야 한다.

가장 주의해야 할 발음은 이중모음이다. 이유는 입술을 부지런히 움직여야 하기 때문이다. 예를 들어 'ㅘ'의 경우, 'ㅗ'와 'ㅏ'를 입 모양을 빠르게 바꿔가며 발음해야 한다. 즉 점이 가운데에 찍혀 있는 'ㅗ'에 따라 입술을 모았다가, 옆에 점이 찍혀 있는 'ㅏ'를 따라서 입을 벌려 발음하는 것으로 마무리해야 한다. 그렇기 때문에 발음이 안 좋은 이유를 '게으르기' 때문이라고 말하는 것이다. 정확하게 발음 내는 방법을 알려는 노력이나 입 모양과 혀의 위치를 움직이려는 노고에 에너지를 쏟지 않았기 때문이다.

다음은 현장에서 강의할 때 많이 듣는 질문에 대하여 이야기해보고자 한다.

첫 번째, 사투리를 고쳐야 할까?

스피치 수업 때 지방 출신 분들이 사투리를 고치고 싶다고 고민을 토로하기도 하고, 지방 출장을 갈 때면 발표나 방송 등의 공적 말하기는 표준어를 써야 하는 것 아니냐고 묻는 경우가 많다. 나의 견해는 '고치지 않아도 된다'이다. 단, 발음은 정확하게 할 것! 사투리도 고유의 매력과 특색이 존재하기 때문에, 말이 귀에 더 잘 들어오는 경우가 많다. 그러나 이중 모음이나 받침 등의 발음이 부정확한 일부 발음은 교정해야 의

사소통이 원활하고, 신뢰감을 줄 수 있는 말하기를 구사할 수 있다.

두 번째, 말의 속도는 빠른 것이 좋은가, 느린 것이 좋은가?

물론 적당한 것이 가장 좋지만, 둘 중 고르라면 차라리 느린 말을 구사하는 것이 좋다. 말을 빨리 하면 실수하는 경우도 많고, 생각보다 말이 빨라서 횡설수설하고 말을 하다가 잊어버리는 화이트아웃 현상이 일어날 수 있다. 우리는 생각하고 말하고, 듣고 생각하는 존재이기 때문에 '생각할 시간'을 충분히 가져야 한다. 예술가를 많이 배출한 프랑스를 가보면 식당과 카페의 의자가 모두 밖을 향해 있다. 식당과 카페는 대화를 나누며 음식을 즐기는 곳인데 왜 굳이 밖을 향하게 두었을까? 그 이유는 바로 사색을 즐기라는 의미가 담겨 있기 때문이다. 이렇게 생각을 많이 할 수 있는 환경이기에 프랑스에서 훌륭한 예술가도 많이 나왔다고 할 수 있다. 생각을 충분히 하며 천천히 말을 하면 실수도 줄이고, 상대방에게도 듣고 생각할 시간과 여유를 선사할 수 있다. 특히 유튜브의 경우 말이 느려서 재미가 떨어진다면 1.5배속, 2배속 등의 기술도 있으니 도움을 받을 수 있지 않은가?

세 번째, 기술적인 면에서 중요한 말을 강조하는 꿀팁을 알아보자.

중요한 말을 강조할 때 스피치적인 기술로는 보통 다섯 가지를 말한다. 톤 높이거나 낮추기, 크게 말하기, 길게 끌기, 천천히 말하기, 그리고 앞에서 잠깐 쉬기.

내가 가장 추천하는 방법은 마지막의 '쉬기'이다. 중요한 말 앞에 의도적으로 3초씩 쉬도록 연습해보자. '쉼'은 여유이자 호흡이다. 쉬는 동안

호흡도 충분히 할 수 있으며, 사람들에게 궁금증을 자아낼 수 있는 여유도 벌어준다. 사람들은 많은 말을 하는 것보다 침묵하는 것을 두려워하면서도 궁금해한다. "오늘의 방송 주제는 이것입니다"에서 "오늘의 방송 주제는 (속으로 3초를 센 뒤) 이것입니다"라고 한다면 시작부터 집중도를 높일 수 있다. 이는 면접이나 발표 등에서도 활용할 수 있는 좋은 방법이다. 연말 시상식 때도 '대상' 발표는 뜸도 들이고, 중간에 광고도 하고, 많은 이들의 인터뷰도 이끌어가며 길고 긴 쉼을 두지 않는가? 기억하라, 상대방의 집중력을 가져오는 비밀은 바로 '쉼'이라는 것을!

네 번째, 우리의 목소리는 우리가 알고 있는 그 목소리가 아니다.

유튜브 실습 수업에서 매 시간 촬영과 녹음을 하는데, 실제로 많은 수강생이 자신의 모습과 목소리에 놀란다. 목소리는 진동 때문에 다르게 들린다. 내가 듣는 내 목소리는 내 피부와 연골의 진동과 달팽이관을 통해 들리는 소리다. 반면 남이 듣는 내 목소리는 내 입 밖으로 나간 소리가 진동을 통해 귀 밖으로 들어와 울리는 소리다. 동굴에서 말을 하면 목소리가 울리듯 다르게 들릴 수밖에 없다. 내가 알고 내 모습보다는 영상 속의 내 모습과 내 목소리에 더 익숙해져야 할 필요가 있다. 그래야 내가 원하는 예쁜 각도와 모습을 찾아낼 수 있기 때문이다. 수업 시간에도 수강생들에게 꼭 내는 숙제가 있다. 일명 '카메라와 사랑에 빠지기'와 '카메라에 끼 부리기'. 카메라 앞에만 서면 표정과 시선이 어색해지는 그대들이여! 철판을 깔고 셀카 모드로 카메라를 켜보자.

이는 많은 언어의 시초인 라틴어로 성적을 표현하는 방식에서 알 수 있다. 라틴어의 성적 구분은 다음과 같다.

Summa cum laude(숨마 쿰 라우데): 최우등
Magna cum laude(마그나 쿰 라우데): 우수
Cum laude(쿰 라우데): 우등
Bene(베네): 좋음/잘했음

일등에서 꼴찌까지 최우등에서 잘했으므로 격려하고 칭찬하는 문화인 것이다. 반면 우리나라는 어떠한가? 등급제로 1~9등급까지 숫자로 나열한다. 이 방식이 객관적인 수치라서 주관적으로 평가하지 않는다는 장점도 있지만, 소고기도 1등급 한우로 평가하고 전기 효율성도 1등급을 최고로 여기듯 인간의 능력을 숫자로 평가하는 것에는 아쉬움이 있다. 과거 우리는 '수우미양가'로 성적평가를 하곤 했다. 라틴어의 성적 구분을 참고하여 '수우미양가'의 의미를 찾아보았다.

수: 빼어나다
우: 우수하다
미: 훌륭하고 좋다
양: 괜찮고 좋다
가: 가능하다

학창 시절 나름 모범생이던 나는 '미'를 받을 때마다 형편없는 내 성적으로 좌절을 맛보곤 했다. 아무도 나에게 '수우미양가'의 뜻을 알려주지

않았기 때문이다. 1~9등급처럼 '수'와 '우'는 성적이 좋은 것이고, '미'부터는 성적이 좋지 않다는 것을 의미하는 것인 줄로만 알았다. 그러나 그 뜻을 살펴보면 라틴어의 성적 체계처럼, '빼어남'에서 '가능함'까지 모든 학생의 성적을 격려하는 뜻을 내포하고 있다. 우리의 모든 아이는 칭찬과 격려를 받을 자격이 있다. 모두 빼어나고 우수하고 훌륭하며, 괜찮고 좋고, 가능하다. 이 마음으로 우리는 칭찬을 시작해야 한다.

칭찬이란 잘한다고 추어주거나 좋은 점을 들어 기림을 뜻한다. 칭찬에 대하여 관련 서적이 쏟아지는 것은 그만큼 칭찬이 중요하며, 칭찬하는 방법 역시 중요하지만 어렵다는 것을 의미한다. 교육학에는 '피그말리온 효과'라는 것이 있다. 미국의 교육학자 로버트 로젠탈과 레노어 제이콥슨은 1968년 재미있는 실험을 했다. 샌프란시스코의 한 초등학교 학생 650명을 대상으로 지능검사를 했다. 이후 조사 대상자 20%를 무작위로 뽑아 지능과 성적이 오를 가능성이 크다고 거짓말을 했다. 그 결과는? 8개월 후 검사를 한 결과, '칭찬'과 '기대'를 받은 집단이 다른 학생들보다 성적이 올랐다. 이것을 '피그말리온 효과'라고 부른다. 중요한 사실은 누구나 칭찬받는 것을 좋아한다는 것이다. 칭찬을 잘만 활용하면 우리 아이들을 비롯한 우리 자신도 성장과 발달을 할 기회를 만들 수 있다.

그렇다면 유튜버가 되어가는 우리 아이들을 어떻게 응원하면 좋을까? 어른들도 보기 부담스러운 자신의 영상을 아이들에게 같이 보자고 하면 거부감을 느낄 수 있다. 특히 사춘기가 진행 중인 친구들은 더욱더 부모님과 자신의 영상을 공유하는 것을 거절할 수도 있다. 그래서 촬영 과정부터 '놀이'로 만들어서 함께 진행해야 한다. 또한 영상을 볼 때 제대로 된, 진정성 있는 칭찬과 피드백도 중요하다. 고슴도치도 제 새끼를 함함하다 하듯이 무조건적인 칭찬은 위험하다. 칭찬이 강요로 들릴 수 있기 때문이다. 내가 봐도 민망한 영상을 가지고 부담스러운 칭찬을 하면 부작용이 생길 수도 있으니 주의해야 한다.

　다음은 칭찬의 나쁜 예와 좋은 예다.

〈나쁜 예〉

"우리 딸은 슈퍼스타감이야!"
"우리 아들은 영상에서 보면 김수현같이 생겼네."
"우리 아이는 천재다, 천재!"
"우리 아이는 타고났네, 어쩌면 이렇게 잘하니?"
"와, 너는 정말 훌륭한 사람이구나!"

〈좋은 예〉

"처음이라 어색할 텐데, 노력하는 모습이 멋있네."
"네가 재미있어 하는 걸 보니, 엄마도 기분이 좋구나."
"엄마랑 재미있는 놀이를 하니 신나네!"
"영상 속에서 집중하는 모습을 보니 너무 존경스럽다!"
"조금 더 잘하려고 연습을 해서 그런가, 훨씬 멋지네!"

결과물에 대한 무조건적인 찬양보다는 과정에 대한 칭찬을 표현하는 것이 좋다. 지속성과 재미를 유지하기 위해서는 '유튜버 상장'이나 '칭찬 스티커' 등의 적절한 보상을 주는 것도 좋은 칭찬 방법의 하나다. 그래야 개선점도 발견하고 발전하는 과정으로 나아갈 수 있다. 유튜브의 지속성을 유지하기 위해 가장 중요한 것은 '재미'다. 아이가 재미있고, 부모도 같이하는 것이 신나는 놀이여야 가능하다. 꼭 잘해야 하고, 예쁘고 잘생겨야 하고, 훌륭해야 하는 강박관념을 심어주는 듯한 칭찬보다는 구체적인 칭찬을 추천한다.

주어진 중간 목표나 칭찬 스티커의 양을 어느 정도 달성했을 때마다 보상을 주는 것도 중요하다. 그 보상은 칭찬과 선물 등이 된다. 단, 선물과 같은 보상을 할 때는 보상의 '의미'를 되새기는 것이 중요하다. 주객이 전도되어 선물을 주지 않으면 동기를 잊어버리는 부작용이 생기기 때문이다. 노력하는 과정이나 발전된 모습, 영상 속의 특정한 행동 등을 보고 구체적으로 칭찬한다면 아이들도 행복한 유튜버가 될 수 있을 것이다.

또한 칭찬을 일방적으로 하는 것은 자칫 부모의 의견을 주입하는 방식이 될 수 있으니, 아이들이 자신의 영상에 대한 생각을 자유롭게 표현할 수 있도록 도와줘야 한다. 이것이 바로 공감의 기술인데, 나는 '복사화법'이라고 칭한다. 상대방의 말을 그대로 복사하여 기억한 후에 말을 이어가는 방식이다. 그 예는 다음과 같다.

가: 나 유튜브 시작했다!

나: 오, 유튜브 시작했어?

가: 응! 잘했지?

나: 응. 잘했다.

가: 영상 한번 보지 않을래?

나: 응! 보고 싶다!

가: 어때?

나: 우와, 영상 완전 좋다. (구체적으로 좋은 이유를 붙이면 더 좋다.)

끝부분만 복사해서 이어가도 이렇게 대화를 할 수 있다.

또한 몸짓으로도 상대방의 말에 공감한다는 걸 표현하는 방법이 있다. 보통 영화에서 경찰이 범인들에게 총을 겨누며 "꼼짝 마!"라고 외치면, 범인들은 손바닥을 보이며 손을 위로 치켜세우는 행동을 하는 모습을 자주 보았을 것이다. 그런가 하면 우리는 처음 만났을 때 악수로 반가움을 표시한다. 이처럼 손바닥을 보이는 행위는 상대방에게 편안함의 표현이자 신뢰감을 줄 수 있는 방식이라 할 수 있다. 그래서 아이들에게 손바닥으로 머리를 쓰다듬어주거나 등을 토닥여주는 행동도 좋은 방법이다. 아이가 이야기할 때는 아이의 눈높이에 맞게 몸을 낮추고 앞으로 기울이는 것이 좋다.

칭찬을 구체적으로 하는 것, 상대방의 말을 복사하여 기억했다가 그대로 말해주는 것, 손바닥을 보여주고 몸을 앞으로 기울이는 것 등의 행위가 사소해 보이지만 상대방에겐 큰 격려가 될 수 있다. 중용 23장에서도 말하고 있지 않은가. 사소하고 작은 일을 정성 들여 해야 한다고. 그럼 나 자신이 바뀌고, 남이 바뀌고, 세상이 바뀐다고 말이다. 수업하다 보면 첫날은 입도 못 떼고 목소리도 안 들리는 친구들이 마지막 순간에는 카메라 앞에 서는 것이 익숙해지고, 자신의 의견을 말하기 시작하는 순간이 있다. 산만하던 친구가 수업 마지막 날을 "내 인생에서 가장 슬픈 날"로 기억한다고 하기도 한다. 이는 주위 사람들의 칭찬과 공감이 있기에 가능한 일이었다.

▶ **YouTube**

유튜브 포트폴리오는 종합 선물 세트

우리는 바쁘게도 달려왔다. 목소리에서부터 논리적인 말하기와 스토리텔링까지. 실력을 갖추었으니 이제는 유튜브를 시작할 시간이다. 그러나 우리는 무엇 때문에 유튜브를 하는가? 몇백만 구독자를 보유하여 억대 연봉을 받기 위해? 유명세를 치러서 내 자녀를 스타로 만들기 위해? 아이의 넘치는 끼와 능력을 발휘하기 위해? 요즘 대세니깐? 우리는 유튜브를 하는 계기와 목적에 대해 고민할 필요가 있다. 누구나 억대 연봉이 될 수 있는 것도 아니고, 연예인이나 유튜버 지망생만이 유튜브를 하는 것도 아니다. 대세라고 의미 없이 따라 하기도 무리가 있다. 유튜브로 만든 포트폴리오는 종합 선물 세트다. 어린 시절 종합 선물 세트를 받으면 기분이 무척이나 좋았다. 먹고 싶은 것을 마음껏 골라 먹을 수 있고, 풍성하고 다양해서 그 자체만으로도 신났기 때문이다. 누군가에겐 아이의 어린 시절을 추억하고 기록하는 앨범으로, 포트폴리오 자체로서, 진학, 취업, 승진 등의 주요 역할을 할 수도 있다.

유명한 유튜버들도 그들이 유튜브를 시작하게 된 사연이 다양하다. 구독자 65만 키즈 유튜버 '간니닌니'의 경우는 아빠가 암 투병을 하면서 영상 일기로 유튜브를 시작했다. 일반인의 일상 이야기를 누가 관심 가질까 우려하는 시선도 많았지만, 결국은 많은 이들이 공감하고 같이 울고 웃을 수 있는 유튜브가 되었다. 중앙일보 인터뷰에 따르면, 유튜브 채널이 인기를 끌면서 생긴 가장 큰 변화는 '아이의 자신감'이 높아졌다는 것이다. 부모와 함께 많은 경험을 하면서 꿈도 다양해지고, 부모와 세상과 소통하는 방법을 배웠다고 한다. 그래서 '간니닌니'의 엄마는 유튜브 자체를 나쁜 미디어로만 볼 것이 아니라 아이들이 미래에 하고 싶은 일을 찾도록 도와주는 디지털 플랫폼으로 의미를 두어야 한다고 말한다. 이는 유튜브가 일상을 간직함으로써 아이의 꿈을 다양하게 가질수 있도록 도와주는 윤활제이며, 가족과 소통할 수 있는 창이 될 수 있는 예다.

또한 자신의 아픔을 유튜브를 통한 소통으로 승화시켜 이겨낸 사람들도 있다. 유튜브 채널 '위라클'을 진행 중인 박위 씨는 5년 전 '취업 턱'을 내며 과음하다 추락해 경추 골절로 척추신경이 완전히 손상된 경험을 겪었다. 그는 "몸은 보이기는 하는데 몸이 없어진 느낌이었으며, 척추 신경 완전 손상이라는 진단명을 받았다"라고 말한다. 하지만 손가락을 움직이기 시작하는 기적을 이루어내며 휠체어를 타고 움직일 수 있게 되었다. 그는 과거에는 장애를 가진 이들에게 관심이 없었지만, 이를 계기로 유튜브 채널을 통하여 '휠체어 생활법'을 공유하며 소통하고 있다. 장애인에 대한 사회적 인식을 개선하고 함께 살아보는 것이 목표라고 한다. 그의 기적을 보면서 유튜브는 단순히 유해한 것이 아니라 사회적 인식을 바꿀 수 있고 아픔을 이겨낼 수 있는 원동력이 될 수 있음을 증명한다.

요즘 최고의 인기를 구가하고 있는 박막례 할머니도 마찬가지다. 할

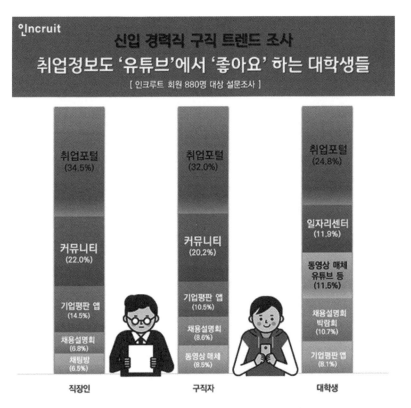

출처: [인크루트] 달라지는 구직 트렌드⋯ 취업 정보도 '유튜브'에서 '좋아요' 하는 대학생들,
〈인크루트〉, 2019년 8월 6일자.

머니가 치매 위험군 판정을 받자 손녀인 김유라 씨는 할머니와 둘이 여행을 떠난다. 이 여행을 단순히 '추억 소장용'으로 영상을 찍어 올렸는데 소위 말하는 '대박'이 나버린 것이다. 요즘 서로를 혐오하고 비하하는 현상이 많아졌다. 일명 '맘충', '노인충', '틀딱충', '급식충', '한남충' 등 모든 연령, 성별, 소속 등에 대해서 '벌레'를 뜻한 '충'을 붙여가며 서로를 혐오한다. 그러나 박막례 할머니를 통하여 노인에 대한 선입견, 즉 '말 안 통하는 꼰대', '노인충', '틀딱충'이라고 생각하던 혐오 현상에 대해 다르게 보는 계기를 만든다. 노인의 삶도 풍부하고 다채로울 수 있고, 그의 경험을 통하여 연륜과 경험을 배울 수 있으며, 그의 말솜씨로 재미와 재치를 느낄 좋은 기회다.

취업 시장에서도 유튜브는 그야말로 '핫'하다고 할 수 있다. 인크루트에서 발표한 자료에 따르면, 대학생들 사이에서 유튜브는 취업 준비를 하는 창구로 활용되고 있다. 취업에 대한 정보와 면접 준비 등을 유튜브를 통하여 접하고 있다는 뜻이다. 단순한 정보를 받는 수단을 뛰어넘어 유튜브를 통해 포트폴리오를 제작하여 제출하고, 취업을 할 수 있는 세상이 도래하고 있다. 잘 만든 유튜브 포트폴리오 하나, 10개의 공모전·자격증·대외 활동이 부끄럽지 않은 세상이다.

가장 좋은 사례인 유튜버 '킴닥스Kimdax'에 대해 이야기하고 싶다. 그녀가 고등학생이었던 때부터 알았는데, 그 당시 얼굴도 예쁜 모범생이었다. 공부도 잘하고, 주관도 뚜렷하고 똑순이던 '킴닥스'는 고등학생 때부터 영상 다루기를 좋아했다. 꿈이 무엇이냐고 물으면 "한국의 디즈니를 만들고 싶다"고 하여 인상이 깊게 남았다. 그랬던 '킴닥스'는 유튜브는 아니지만 많은 영상 작업을 통해 포트폴리오를 축적해왔다. 그 결과 중앙대 신문방송학과에 입학했으며, 유튜브를 매개로 51만 명의 구독자를 보유하고 200만 뷰가 넘는 영화를 제작한 유명 유튜버가 되었다. 고등학생 때 말하던 꿈을 유튜브를 통해 성취하고 있는 것이다. 지금도 활발하게 활동하고 있으며, 영상 편집 프로그램까지 개발하는 멋진 사회인으로 발돋움했다. 그녀의 성장기를 지켜보며 유튜브의 가능성은 무궁무진함을 깨달았다. 뷰티 유튜버, 영화 제작자, 프로그램 개발자, 법인 대표 등으로 계속 뻗어가는 '킴닥스'가 어디까지 발전할 수 있을지 기대되며, 응원도 하게 된다.

물론 '킴닥스'의 사례는 직접적인 영상과 관련된 커리어의 길을 걷고 있기 때문에 일반화하기는 어렵다. 그러나 나는 그녀처럼 유튜브를 포트폴리오로 활용하라고 말하고 싶다. 지금 서툰 실력이라 일명 '흑역사'가 될 수도 있고, 아이가 유튜브만 보게 되는 위험도 도사리고 있다. 그렇지만 대부분의 사람이 열광하는 이야기는 '흑역사'를 밟고 일어나 성장하는 이야기다. 김연아 선수도 셀 수 없는 실패와 아픔으로 지금의 기적을 이루었다. 최고의 바이올리니스트 정경화 씨도 하루 11~14시간의 연습, 미국에서 동양인 여자라는 선입견, 많은 실패와 두려움을 겪고 나서야 최고의 소리를 낼 수 있었다고 말한다. 그런 '꾸준함'과 '기적'의 연결 고리는 위인전에 나오는 위인들이나 유명인만 만들 수 있는 것은 아니다. 내 아이가 카메라에 서는 것을 떨려하고 두려워했지만, 그 과정에서도 포기하지 않고 유튜브를 매개로 무엇인가를 꾸준히 했다는 것을 기록한다면 최고의 포트폴리오가 될 수 있다.

　누구나 아는 사실이지만 처음이 가장 어렵다. 한 번 하고 나면 두 번 할 수 있고, 그 이후는 쉽다고 느낄 수 있다. 그래서 한 번 성공한 사람은 계속 성공 가도를 밟기 쉬운 것이다. 역사를 좋아하는 아이도, 수학을 좋아하는 아이도, 레고를 좋아하는 아이도, 액체 괴물을 좋아하는 아이도 누구나 주인공이 될 수 있는 세상이 바로 유튜브다. 구독자 수가 많건 적건, 얼마나 많은 사람이 지켜봐주는지는 사실 중요하지 않다. 꾸준히 촬영하고 올리는 과정에서 아이는 꾸준한 것에 대한 가치를 배울 수 있고 그것은 고스란히 기록으로 남는다. 그렇다면 이 기록으로 대학 진학, 취업 등의 면접이나 자신의 능력을 평가받고 증명해 보여야 할 때 중요한 카드로 사용할 수 있다.

　나는 어린 시절부터 아나운서를 꿈꿨고, 그래서 사람들 앞에 서길 즐겼다. 학교 축제 MC를 뽑는다고 하면 당장 달려가서 지원했고 동화 구연, 발표대회, 시 낭송 대회, 웅변대회 등을 학원에 다니거나 배우지 않아도 적극적으로 참여했다. 그 노력이 가상한지, 장려상이라도 거머쥐자 점점 자신감이 붙었다. 아이러니하게도 아나운서를 준비하면서 가장 고생스러웠던 것이 동화 구연을 했던 말투를 고치는 것이었다. 과장된 말투와 높은음의 목소리로 동화 구연을 하듯 뉴스를 읽으니 계속 지적받기 일쑤였다. 그러나 학창 시절 무대 위에서 경험했던 성취감을 맛본 나는 머리를 감으면서도 연습하고 잠자리에 들어서도 연습하며 잠들기를 반복한 결과, 아나운서가 될 수 있었다. 나도 '흑역사'가 존재하고, 그

혹역사를 두려워하지 않고 밟고 일어난 꾸준함을 경험한 것이다. 지금은 강사로서 그 경험을 공유하며 많은 이들에게 말하는 것에 대해 강의를 하는 것이다.

운동선수, 교사, 유튜버, 의사, 요리사, 프로게이머, 경찰관, 법률 전문가, 가수, 뷰티 디자이너. 초등학생이 꿈꾸는 장래 희망 TOP 10이다. 초·중학교에 강의를 하러 가면 몇 개의 직업을 아는지 질문을 던진다. 30명의 머리에서 고작 50여 개의 직업이 나온다. 그만큼 우리가 아는 직업은 많지 않고, 알려고 한 적도 없고, 경험도 없다는 것을 의미한다. 유튜브를 통해 꼭 유튜버가 되라는 소리가 아니다. 운동도, 가르치는 것도, 사람을 치료하는 것도, 요리하는 것도, 사회의 법을 지키게 하는 것도, 유튜브를 통해서 포트폴리오를 만들어놓으면 자신을 사회에 증명하고 내보이기에 더 유리할 수 있다는 것이다. 나의 아이도 성장 드라마의 주인공이 될 수 있다. 그걸 만들어주고 연출해주는 것은 부모의 몫이다. 비단 유튜버가 꿈이 아니더라도 우리 아이의 능력을 기록하고 세상에 증명해내는 포트폴리오를 만들어주자. 그 습관은 한 사람의 인생에 중요한 전환점이 될 수 있다.

즐겨찾기 ▶

1. 좋은 목소리를 위해서는 90도 인사를 하고 말을 하라!

힘 있고 윤택한 목소리를 갖기 위해서는 복식호흡이 필요하다. 복식호흡은 목소리의 원동력으로서 꾸준히 연습을 해야 한다. 90도로 숙인 상태에서 말을 하면 저절로 복식호흡이 되어, 목소리가 커지고 윤택해짐을 몸소 느낄 수 있다.

2. 자세가 아이의 미래를 결정한다. 겨드랑이, 발 보폭, 시선만 기억하라!

겨드랑이를 옆으로 벌려 보여주는 자세, 발 보폭은 넓게 걷고 설 때도 어깨너비로 벌려 서는 자세, 아래를 내려다보기보다는 위쪽으로 멀리 쳐다보는 자세는 자신감을 높여준다. 또한 자세가 아이의 무대 공포증을 이겨낼 방안이 될 수 있다.

3. 중요한 것부터 말해라. 그러면 다들 궁금해할 것이다!

연역적 말하기, 즉 중요한 것을 먼저 말하고 그 이유를 설명하는 방식을 선택한다면 청자는 자신이 듣는 주제에 대한 마음의 준비를 할 수 있는 시간을 갖게 된다. 또한 결론부터 들었을 경우, 왜 그러한 결과가 도출되었는지 이유가 궁금하게 되어 있다.

4. 아이와 함께 스피치 게임을 해보자. 순발력이 높아진다!

카메라 앞에서 여러 번 찍어보는 것도 좋은 방법이지만, 같은 내용을 여러 번 찍다 보면 체력적으로 지치기도 하고 심리적으로 위축될 가능성도 높다. 아이의 재미와 흥미 그리고 교육적 의미, 두 마리 토끼를 다 잡을 수 있는 스피치 게임을 권한다.

5. 칭찬과 지적을 할 때는 지적이 먼저, 칭찬이 나중이다!

아이의 영상을 보면 좋은 점과 부족한 부분이 보일 것이다. 이 둘에 관해서 이야기를 나눌 때는 매도 먼저 맞는 게 좋다. 왜냐하면 좋은 점부터 말하고 나쁜 점을 말한 경우, 선물을 줬다 뺏는 기분이 들 수 있기 때문이다. 부족한 부분부터 지적하고 좋은 마무리를 하면 신뢰감을 줄 수 있는 칭찬이 된다.

4

유튜브에도

기술이 필요하다

아이 혼자서도 유튜버가 될 수 있다

안전한 영상 만들기 "저작권, 알고 가자!"

저작권의 제대로 된 개념 이해하기

강의를 하다 보면 사람들이 가장 궁금해하고 걱정하는 것이 저작권이다. 저작권이란 창작 활동을 했을 때 그 창작물, 즉 저작물에 대해 갖게 되는 법적 권리를 말한다. 하지만 따로 등록 절차가 필요한 것은 아니다. 저작권은 저작물을 제작한 시점부터 자동으로 생기는 권리다. 그래서 저작자의 입장에서는 분쟁이 생기면 그 저작물이 본인이 창작한 것이라는 것을 증명할 수 있는 근거가 있어야 한다. 그렇기 때문에 '한국저작권위원회'에 저작물을 등록하는 일이 필요하다.

영상 콘텐츠를 만들다 보면 참고 영상이나 BGM을 사용하게 된다. 이때 다른 사람의 창작물을 사용해서 저작권 침해를 하지 않는지 항상 주의를 기울여야 한다. 자칫 잘못하면 법적인 책임을 져야 할 일이 생길 수도 있다. 법적 책임 때문이 아니더라도 도의적으로 남의 것을 무단으로 사용하는 것은 옳지 못한 일이다. 아이들은 아직 저작권에 대해 잘 모르기 때문에 유튜브를 시작하는 그 순간부터 저작권 관련 지식을 틈틈이 알려주어야 한다. 입장을 바꿔서, 다른 사람이 내가 열심히 노력해서 만든 창작물을 무단으로 사용했다면 기분 좋아할 사람은 없을 것이다.

저작권은 영상, 음원, 사진, 글자체 등 다양한 부분에 권리가 적용된다. 특히 가장 문제가 되는 부분이 영상과 음원이다. 별것 아닌 일로 생각했다가 문제가 되거나 피해 보상에 대한 책임을 져야 하는 상황이 생길 수 있기 때문에 쉽게 생각할 일은 아니다. 반드시 꼼꼼히 찾아보고 침해하는 일이 없도록 잘 챙기는 습관이 필요하다.

하나씩 체크해보자! 저작권에 관한 상식들

간혹 보면 저작권에 대해 잘못된 상식으로 저작권 침해를 하지 않았다고 착각하는 경우가 있다.

가장 흔한 예가 "출처를 남기면 써도 된다"는 말이다. 다른 사람의 창작물을 사용하기 위해서는 저작자의 허락을 반드시 받아야 한다. 그런데 간혹 "퍼가실 때 출처를 남겨주세요"라는 문구를 달아놓은 글들이 있다. 이것은 마음 좋게도 자신의 저작물을 공유해갈 때 원작자가 최소한의 조건을 달아놓은 경우다. 이런 경우를 오해하여 '퍼갈 때 출처만 남기면 괜찮다'고 잘못 이해한 사람들이 퍼트린 말이다. 다른 사람의 저작물을 사용할 때에는 그것이 누구나 사용할 수 있도록 허용된 것이라 하더라도, 사용 조건을 사전에 꼭 확인하고 반드시 조건에 맞게 사용해야 한다.

두 번째가 "음악이나 영상의 경우 10초 이내로 사용하면 괜찮다"는 말이다. 이것은 명백한 저작권 침해다. 단지 인공지능의 검열에 걸리지 않는 범위에서 사용하는 방법일 뿐이다. 당연히 저작권 침해로 고발될 수 있고, 고발되는 경우가 생각보다 많다. 유튜브 안에서 다른 사람에게 저작권이 있는 영상 또는 음원을 사용할 경우 해당 콘텐츠에 대한 수익 전액이 원저작자에게 가게 된다. 그런데 다른 사람 것을 사용했는데도 정상적으로 수익이 나에게 들어오는 경우가 간혹 있을 수도 있다. 이런 경우도 앞에 언급한 대로 인공지능에 걸리지 않은 것일 뿐이지 저작권 침해이기 때문에 주의해야 한다.

세 번째가 "타인의 아이디어를 도용해 영상을 만드는 것도 저작권 침해"라는 말이다. 아이디어는 재산적 가치를 가져도 자유로운 모방과 이용이 가능하다. 아이디어까지 막게 되면 문화 및 콘텐츠 관련 산업의 발전을 막을 수 있기 때문이다. 단, 표현 방법까지 그대로 베껴서 사용했다면 저작권 침해 소지는 있다. 아이디어를 도용하더라도 연출은 나만의 방법으로 해야 한다.

유튜브는 저작권 문제를 어떻게 처리하고 있을까?

유튜브에는 1분에 400여 개 이상의 영상이 업로드되고 있다. 이것을 하나하나 사람이 확인할 수 없다. 그래서 인공지능이 검열하고 있다. 콘텐츠에 삽입된 영상이나 음악이 다른 콘텐츠와 같은 부분이 발견되면 귀신같이 잡아낸다. 수십억 개의 방대한 자료들을 대상으로 이런 일을 하는 인공지능의 능력이 놀랍기 그지없지만, 아직 완벽한 것은 아니다. 못 잡는 것들도 있고, 공정 이용으로 적용되는 저작물도 잡히는 경우가 종종 있다. 이 경우 이의 제기를 통해 정당한 창작물임을 인정받을 수 있다.

한때 유튜브도 저작권 문제 때문에 논란이 많았다. 인공지능 검열을 피하는 방법으로 다른 사람의 저작물을 그대로 업로드하는 콘텐츠가 많았기 때문이다. 이에 대해 불만의 목소리도 컸지만, 지금은 이런 채널들 대부분이 차단되어 다소 진정 국면에 들어섰다. 그뿐만 아니라 일명 '짤'이라 불리는 짧은 영상이나 이미지를 짜깁기로 편집하여 자극적인 내용을 기계 음성을 통해 내보내는 불건전한 내용의 채널들은 수익 창출도 중지시키고 있다. 유튜브가 직접 저작권 침해나 저급한 품질의 영상들에 대해 경고를 할 수 없기 때문이다. 저작권 침해에 대한 신고는 저작자에게만 그 권한이 있다. 저급한 영상이냐 아니냐의 판단을 할 근거나 기준이 없다. 개인의 자유로운 창작 활동에 대한 침해 논란이 생길 수 있는 부분이다. 그래서 유튜브는 이런 방법을 통해 유튜브 환경 정화를 위해 노력하고 있다.

'안전한' 나만의 유튜브를 제작하기 위해서는

저작권 침해 걱정 없이 안전한 콘텐츠를 만들려면 어떻게 해야 할까?

당연히 나만의 것을 만들면 된다. 다른 사람의 콘텐츠를 전달하는 것이 아닌 내 생각이 들어간 콘텐츠를 제작해야 한다. 리뷰 영상을 만들더라도 연관된 다른 작품들을 함께 분석하고 연구하여 나의 의견을 담아 만든다면 공정 이용으로 인정받을 수 있다. 공정 이용이라 하더라도 일일이 저작권자에게 허락받고 만드는 것이 가장 좋겠지만 현실적으로 어려운 부분이 있다.

BGM이 필요하다면 유튜브 '오디오 라이브러리'에서 제공하는 음악을 쓰면 된다. 매우 많은 음원이 제공되고 있고, 새로운 음악도 꾸준히 추가로 업로드되고 있다. 의외로 좋은 곡들이 많으니 평상시 조금씩 내 감성에 맞는 음원들을 다운로드해서 모아두는 것을 추천한다. 아니면 다른 방법은 직접 음악을 만들면 된다. 쉽게 음악을 만들 수 있는 프로그램들도 많이 있다. 그 방법은 유튜브에서 찾아볼 수 있다. 'Alan Waker'라는 뮤지션은 어릴 적부터 유튜브를 통해 음악 만드는 것을 배우고 유튜브를 통해 자신의 음악이 세계적으로 알려져 유명한 뮤지션이 되었다.

다시보기

유튜브 저작권, 어떻게 해야 한다고요?

1. 비공개로 업로드해서 사전에 확인하고 공개로 전환하라!

2. 동영상 관리자에서 저작권 고지를 확인하라!

3. 유튜브에서 제공하는 음원을 활용하라!

4. 저작권위원회에 물어봐라!

돈 한 푼 안 들이고 장비 점검하기

유튜브 촬영에 알맞은 카메라를 알아보자

영상을 촬영하려면 당연히 카메라가 필요하다. 과거에는 캠코더와 PC캠으로 주로 촬영했는데, 최근에는 DSLR이나 미러리스 카메라도 많이 쓴다. 야외에서 촬영할 때는 휴대하기 편한 액션캠도 많이 사용한다. 하지만 이런 카메라들은 가볍게 유튜브를 시작하는 사람에게는 부담스러운 가격이다. PC캠이 상대적으로 저렴하지만, 촬영 장소가 제한적이다.

그러나 유튜브를 시작한다고 해서 꼭 비싼 돈을 주고 카메라를 따로 구매할 필요는 없다. 우리에게는 항상 분신처럼 함께 다니는 스마트폰이 있기 때문이다. 최근에 출시되는 스마트폰은 카메라 화소도 높아지고, 저장용량도 많이 늘어나서 고퀄리티의 영상 촬영이 가능하다. 일반 카메라와 차이점을 전혀 못 느낄 정도로 성능이 뛰어나고 휴대하기도 편해 야외 촬영에도 적합하다. 사실 스마트폰보다 유튜브에 적합한 카메라는 없다. 물론 스마트폰 자체 가격이 고가다. 그래도 우리 일상이 된 제품이니 다른 카메라를 별도로 구매하는 것에 비하면 스마트폰이 훨씬 낫다. 혹시 스마트폰의 저장 공간이 부족하다면 클라우드를 활용하여 사진, 영상 등을 저장하면 된다.

내 목소리를 담을 마이크를 찾아보자

콘텐츠에서 영상 못지않게 중요한 것이 소리다. 그래서 마이크는 꼭 사용할 것을 추천한다. 다행히 마이크는 저렴한 제품이 많다. 물론 음악을 주로 녹음하거나 ASMR 콘텐츠를 만든다면 좋은 마이크가 별도로 필요하다. 이런 분야를 촬영하려면 깨끗하게 녹음되고 기능도 많은 고가의 마이크를 사용해야 한다. 하지만 소리에 민감한 콘텐츠가 아니라면 1만~2만 원대 정도의 괜찮은 스마트폰용 콘덴서 마이크를 사면 된다.

마이크는 크게 다이내믹 마이크와 콘덴서 마이크로 나뉜다. 다이내믹 마이크는 흔히 노래방이나 공연장, 강연할 때 손에 들고 사용하는 마이크다. 민감도가 낮기 때문에 마이크에 가까이 대고 말해야 하고, 주변 소리는 잘 들어가지 않는다. 반면 콘덴서 마이크는 민감해서 주위의 작은 소리까지 녹음된다. 바람 소리나 진동까지도 영향을 미치기 때문에 스탠드 같은 보조 도구가 필요하기도 하다. 내구성도 약하니 관리도 잘해야 한다. 일반적인 유튜버들은 주로 콘덴서 마이크를 사용한다.

콘덴서 마이크를 구매하기 위해 인터넷을 검색해보면 지향성이라는 말이 나온다. 이것은 소리가 녹음되는 범위를 나타내는 것이다. 전지향성(무지향성)은 모든 방향의 소리를 녹음하고, 단일지향성은 한쪽 방향의 소리를 크게 녹음할 수 있다. 양쪽 방향의 소리를 잡는 양지향성, 더 좁은 범위의 소리를 잡는 초지향성도 있다. 하지만 보통은 전지향성과 단일지향성 중에 선택하면 된다. 촬영하는 방식과 용도에 맞게 선택하면 되는데 단일지향성이라고 다른 방향의 소리가 전혀 안 들어가는 것은 아니기 때문에 촬영할 때 조용한 환경을 만들어놓고 촬영하는 것이 필요하다.

마이크를 구매할 때 또 한 가지 주의해야 할 점이 있다. 마이크는 스마트폰용과 카메라용, PC용 마이크가 구분되어 있으니 살 때 꼭 확인해야 한다.

'조명발'을 살려줄 조명기구를 찾아보자

영상 작업을 몇 번이라도 해본 사람이라면 조명의 중요성을 누구보다 잘 알 것이다. 조명의 여부에 따라 결과물이 크게 다르기 때문이다. 직접 비교해보면 '조명발'이라는 말이 괜히 있는 것이 아님을 확인할 수 있다. 조명이 없어도 카메라 자체적으로 밝기 조절은 가능하다. 그래서 빛이 적은 곳에서도 카메라 세팅을 통해 밝은 영상을 얻을 수 있다. 하지만 이렇게 촬영하면 일반적으로 노이즈가 발생하게 된다. 고가의 카메라일수록 노이즈 발생이 덜하다. 편집으로도 밝기 조절은 가능하다. 하지만 아무리 기술이 뛰어나도 원본 영상이 좋은 것을 따라갈 수 없다. 그래서 깨끗하고 보기 좋은 영상 촬영을 위해 결국 조명을 사용하게 된다.

일반적으로 사용하는 스탠드형 조명부터 스마트폰과 함께 손에 들고 찍을 수 있는 휴대용 조명까지 종류와 가격도 매우 다양하다. 처음부터 조명을 구입하기보다는 일단 찍어보고 결과물을 확인한 후에 촬영 상황에 맞는 조명을 필요에 따라 추가할 것을 추천한다.

흔들리지 않는 편안함, 거치대와 보조 기기를 찾아보자

혼자 촬영할 때나 흔들림 없는 안정적인 영상을 위해 카메라, 또는 스마트폰을 고정할 수 있는 삼각대가 필요하다. 꼭 비싼 거치대가 아니어도 상관없다. 안정적으로 서 있을 수만 있으면 된다. 스마트폰으로 촬영하는 사람들이 많아지면서 셀카봉과 겸용으로 사용할 수 있는 제품들도 속속 출시되고 있으니 가격 대비 좋은 성능을 갖춘 제품으로 사길 바란다.

야외에서 일상을 주로 촬영하는 유튜버는 짐벌을 사용할 때도 많다. 확실히 흔들림이 적어 보기 편한 영상을 제작하는 데 도움이 된다. 하지만 최신형 스마트폰의 경우 강력한 흔들림 방지 기능이 탑재되어 있어 짐벌 없이도 어느 정도 안정적인 영상을 촬영할 수 있다. 필요에 따라서 꼭 짐벌을 구매해야 하는 상황이라면 카메라 장비 대여 업체에서 빌려 사용해보고 제품을 결정할 것을 권한다.

다시보기

방송장비, 어떻게 구해야 한다고요?

1. 스마트폰을 활용하라!
2. 시작 전 장비부터 사지 마라!
3. 방송 유형에 맞는 장비를 준비하라!
4. 사용자들의 충분한 품평을 확인하고 최소한의 필요 장비만 사라!

▶ YouTube

제대로 된 유튜브 채널,
차근차근 만들어보기

나만의 유튜브 채널 만들기

채널을 만들기 위해서는 구글 계정만 있으면 된다. 유튜브에 접속해 구글 계정으로 로그인하고 '내 채널'로 이동하면 된다. 채널이 없다면 채널을 만들 것인지 묻는다. 이때 이름만 입력하고 만들기를 누르면 끝이다. 기존 채널이 있다면 새로운 채널을 추가하는 것도 가능하다. 하나의 계정당 3개까지 채널을 만들 수 있었지만, 최근에는 하나의 계정에 개인 계정 1개와 다수의 브랜드 계정을 추가로 만들 수 있다.

한국의 경우 유튜브는 만 14세 이상부터 가입이 가능하다. 유튜브 키즈는 아이들 대상 콘텐츠만 올라오고 보는 것만 가능하다. 별도로 제작한 본인의 영상 콘텐츠는 업로드할 수 없다. 만약 아직 어린 자녀가 유튜브를 시작한다면 부모의 계정을 이용하자. 부모의 계정에 아이의 채널을 따로 하나 만들어주면 된다. 그 계정으로 어떤 영상을 보았는지 확인이 가능하다. 또한 아이가 불건전한 영상에 노출되지는 않았는지 확인도 가능하기 때문에 이 방법이 좋다.

개성을 표현할 채널아트, 아이콘, 섬네일 제작하기

내 채널에 들어가면 가장 먼저 눈에 들어오는 것이 화면 상단의 대문이다. 유튜브에서는 대문을 '채널아트'라고 표현한다. 채널아트의 권장 크기는 2560×1440 pixel로 16:9의 비율이다. 일반적으로 보이는 것은 가로로 긴 형태인데 왜 16:9의 비율을 권장하는지 궁금할 것이다.

유튜브는 모바일과 PC뿐만 아니라 TV에서도 시청할 수 있다. 그래서 여러 가지 기기 중 채널아트 노출이 가장 큰 TV 화면을 기준으로 권장 크기를 제공한 것이다. 여기서 주의할 점은 하나. 하나의 이미지가 모든 기기에 적용되기 때문에 채널아트 이미지를 제작할 때 기기마다 보이는 영역이 다른 것을 고려해야 한다. 무작정 제작하다 보면 많은 시행착오를 겪어야 한다. 구글에서 '채널아트 가이드' 이미지를 검색해보면 친절하게도 많은 가이드 이미지가 올라와 있다. 이것을 다운로드해 채널아트 제작하는 데 사용하면 된다.

보기 좋게 만드는 것도 중요하지만 내 채널의 콘셉트나 정체성 등을 잘 표현할 수 있게 꾸미는 것이 좋다. 너무 많은 내용을 담으려고 하면 오히려 역효과가 날 수 있다. 최소한의 정보로 보는 사람들이 거부감이 들지 않도록 하는 것이 좋다. 보기 좋은 떡이 먹기에도 좋다. 아이콘이 없는 채널보다는 예쁜 아이콘이 달린 채널에 먼저 마우스가 가는 것이 당연하다. 아이콘 역시 내 채널을 잘 표현할 수 있도록 고민해서 만들어보자. 크기는 800×800 pixel이다.

대문, 아이콘보다 더 신경 써야 하는 것이 있다. 바로 섬네일이다. 섬네일은 유튜브에서 노출되는 미리보기 이미지다. 유튜브 메인 화면에 뜨거나 검색했을 때 노출되는 부분으로 사람들이 내 영상을 클릭하게 만들 수 있는, 나만의 광고판이다. 영상마다 하나의 섬네일만 적용되기 때문에 사람들의 시선을 끌어 클릭까지 유도하도록 영상 내용을 하나의 이미지로 잘 표현해야 한다. 가시성이 좋아야 하며, 호기심을 유발하도록 해야 한다. 당연히 본 영상의 내용과 연관 있는 섬네일을 제작해야 한다. 그렇지 않을 경우 영상 체류 시간이 줄어들고 신뢰도가 떨어진다. 그런 일들이 반복되면 나중에 불량 채널로 낙인찍힐 수도 있다. 그래서 꼭 올바른 영상에 올바른 섬네일을 사용해야 한다.

채널아트, 아이콘, 섬네일 제작은 파워포인트나 그림판으로도 할 수 있다. 다양한 애플리케이션도 많이 나와 있다. 다른 사람이 제작한 템플릿에 글자만 바꿔서 만들 수 있는 앱도 있다. 쉽게 만드는 다양한 방법이 있지만 시간이 조금 걸려도 포토샵을 활용해서 제작하는 것을 추천한다. 영상 편집도 디자인이 중요하다. 디지털 디자인의 가장 기본이 되는 프로그램이 바로 포토샵이다. 채널아트, 아이콘, 섬네일 제작뿐만 아니라 영상을 편집할 때도 활용도가 많다. 배워두면 반드시 도움이 된다. 모든 기능을 익힐 필요는 없다. 필요한 기능만 그때그때 찾아가며 천천히 배우면 된다. 물론 포토샵 활용 방법도 유튜브에서 찾으면 된다. 그만큼 배우고 싶은 많은 것은 유튜브에서 스스로 해결이 가능하다.

스마트폰 앱으로 영상 편집해보기

플레이스토어 또는 앱스토어에서 '영상 편집'으로 검색하면 무수히 많은 애플리케이션이 검색된다. '키네마스터', 'VLLO', 'VideoShow', 'VivaVideo' 등 다양한 앱들이 있는데 어떤 것이 좋다고 특정하긴 힘들다. 장단점이 존재하기 때문에 몇 가지 사용해보고 본인에게 맞는 프로그램을 선택하면 된다. 대부분 무료로 사용할 수 있으나 결과물에 워터마크가 찍히게 된다. 또한 무료 버전은 고급 기능 사용에 제한이 있다. 유료로 사용할 경우 한 번 결제로 평생 사용 가능한 것도 있고 매달 결제해야 하는 것 두 가지가 있다. 이때 충분히 무료 버전으로 연습해보고 계속해서 사용할 가치가 있다고 생각되면 그때 결제하는 것이 좋다.

처음에는 자르기와 영상 순서 바꾸기, 크롭을 활용한 확대하기 등 영상 편집 기본부터 익힌 뒤에 전환 효과 같은 이펙트 활용과 자막 넣기로 꾸며주고, BGM 삽입으로 마무리하면 하나의 영상이 완성된다. 스마트폰 앱을 이용한 편집은 어느 곳에서나 작업이 가능하고 조금만 익히면 쉽게 할 수 있는 장점이 있다. 하지만 용량이 너무 무거운 영상은 화질이 떨어지는 단점도 아직 남아 있으니 사용해보고 결정하는 것이 좋다.

앞에서 말한 앱들 외에도 영상 편집에 활용할 수 있는 보조적인 앱도 많으니 하나의 앱만 활용하기보단 2~3개의 앱을 함께 활용하면 전문가 못지않은 멋진 영상을 만들 수 있다.

PC로 영상 편집해보기

PC용 영상 편집 프로그램도 다양하다. 여러 가지 기능과 효과를 높은 품질로 제공한다. 하지만 고성능 PC가 필요하며 처음 사용하는 사람은 기능을 배우기까지 시간을 많이 들여야 하는 단점이 있다. 전문가들이 사용하는 고급 편집 프로그램보다는 누구나 가볍게 시작할 수 있는 간단한 편집 프로그램을 사용하는 것이 좋다.

　PC로 영상 편집을 할 때 가장 많이 알려진 프로그램은 어도비사의 '프리미어'다. 같은 어도비사의 프로그램인 포토샵과 에프터이펙트와도 호환이 잘 되며 다양한 기능과 효과, 훌륭한 화질을 기대할 수 있다. 하지만 기능이 많아서 완벽히 마스터하기는 쉽지 않다. 많은 시간을 투자해 연습하고 익혀야 한다. 사용하는 사람들이 많은 만큼 유튜브상에 관련 강의 영상도 가장 많이 올라와 있으니 모든 기능을 한번에 익히려 하지 말고, 필요한 기능만 그때그때 찾아가며 배우는 것이 좋다.

　'프리미어' 말고도 '베가스'나 '에디우스' 같은 프로그램도 있다. '프리미어'보다 상대적으로 쉽다는 의견이 많다. 만약 사용하고 있는 PC가 애플사의 것이라면 '파이널 컷'을 사용하면 된다. 앞에서 말한 프로그램들은 고급 프로그램으로 분류되는 것들로, 다양한 기능과 효과가 있지만 고가의 제품이다. 일시불로 구매하기에는 다소 비싸서 부담스러울 수도 있다. 그래서인지 최근에는 월 사용 결제 형태로 사용할 수 있는 프로그램도 나오고 있다.

　간단한 PC용 편집 프로그램에는 '곰믹스', '뱁믹스', '모바비', '무비메이커' 등이 있다. 편집에 필요한 기본적인 기능을 모두 제공한다. 결과물의 화질이 고급 프로그램들에 비해 상대적으로 떨어지긴 하지만, 특별히 영상 품질이 중요한 콘텐츠가 아니라면 충분히 만족스러운 결과물을 얻을 수 있다. 기능이 많지 않아 1~2시간 정도 투자하면 대부분의 사람이 쉽게 모든 기능을 익힐 수 있다. 무료 버전과 유료 버전으로 나뉘는데, 무료 버전은 워터 마크가 찍히기 때문에 다양한 프로그램들을 사용해보고 본인에게 맞는 프로그램 하나만 선택해 결제하고 사용하는 것이 좋다.

고급 프로그램 익히느라 스트레스 받지 말고 처음에는 쉬운 프로그램으로 시작하는 것을 추천한다. 쉬운 프로그램들도 유튜브에 필요한 수준의 결과물을 충분히 얻을 수 있다. 고급 프로그램을 제대로 활용하지 못한다면 결과물에서 큰 차이를 느끼지 못하기 때문이다.

편집을 잘한다는 것은 다양한 효과를 사용하는 것이 아니다. 그보다 얼마나 센스 있게 구성했느냐가 중요하다. 그래서 개인차가 존재할 수밖에 없다. 하지만 노력해서 안 되는 것은 없다. 다른 사람들이 어떤 방식으로 편집하는지 많이 보고 많이 따라 해보면 된다.

다시보기

제작 및 편집, 어떻게 하는 게 좋다고요?

1. 유튜브 채널을 만들고, 하고 싶은 방송과 관련된 채널을 많이 시청하라!
2. 처음부터 대문과 프로필에 너무 집착하지 마라!
3. 스마트폰 애플리케이션을 적극적으로 활용하라!
4. 편집에 너무 많은 시간을 들이지 마라!

▶ **YouTube**

이제 나도 유튜버! 업로드하기

스마트폰과 PC로 영상 업로드하기

영상이 준비되었으면 이제 유튜브에 업로드하면 된다. 유튜브에 로그인이 되어 있다면, 오른쪽 상단에 있는 업로드 버튼을 클릭한다. 업로드할 영상을 선택한 뒤 제목, 설명, 태그, 섬네일 등을 순서대로 입력하고 '게시하기'를 누르면 된다. 바로 업로드할 수도 있고, 날짜와 시간을 지정하는 '게시 예정' 기능으로 업로드할 수도 있다. 공개하고 싶지 않다면 비공개로 업로드하면 된다.

제목은 영상을 충분히 설명할 수 있는 내용으로 제한 글자 수 안에서 최대한 작성한다. 특히 핵심적인 단어가 앞쪽에 나오도록 작성해야 한다. 제한 글자 수 5,000자를 다 작성하지 않더라도, 검색에 노출이 될 수 있는 단어들이 다수 포함되도록 자세히 설명하는 것이 좋다. 평소 채널을 충분히 설명할 수 있는 내용은 별도로 저장해놓고, 영상마다 개별 설명을 먼저 작성한 뒤에 동일한 내용을 덧붙여 게시하면 추후 검색에 의한 노출 확률을 높일 수 있다.

영상 업로드에도 나름의 요령이 필요하다

업로드는 가급적 정해진 요일과 시간에 하는 것이 좋다. 날짜와 시간을 정해놓고 반드시 그 시간을 지키자. 그래야 꾸준한 업로드가 가능하고, 구독자 입장에서도 그 시간을 기다리게 된다. 유튜브는 구독자와 약속을 지키는 것이 수준 높은 영상을 제공하는 것보다 중요하다는 것을 명심해야 한다.

적정 업로드 횟수는 콘텐츠의 종류에 따라 차이가 있겠지만, 일반적으로 편집에 신경 쓴다면 주 1~2회 정도가 적당하다. 편집을 최소화한다면 3편 이상도 가능하다. 너무 자주 올리면 그만큼 소재가 빨리 고갈될 수 있으니 신중해야 한다. 또한 업로드 일정에 쫓기게 되면 스트레스를 받기 시작한다. 그러다 보면 유튜브를 오래 할 수 없다. 유튜브 외에다른 일정도 많을 텐데 처음부터 습관을 잘 들여야 지속적인 유지와 관리가 가능하다. 본인의 능력과 상황에 맞게 초반부터 무리하지 않도록 신중하게 업로드 스케줄을 정한다. 무조건 많이 올린다고 좋은 것은 아니다. 오랫동안 꾸준히 활동하는 것이 훨씬 중요하기 때문이다.

유튜브에 올린 영상의 카테고리를 정리하자

일반적으로 처음 유튜브를 시작하면 한 가지 콘셉트의 콘텐츠를 제작한다. 하지만 최소한 3개 정도의 콘셉트로 영상을 제작해야 구독자도 지루하지 않고 다양한 구독층을 확보할 수 있다. 유튜브에서 카테고리는 재생목록으로 분류할 수 있다. 기본적으로 제공되는 카테고리는 업로드한 동영상, 인기 업로드로 설정이 되어 있으니, 콘텐츠 종류별로 재생목록을 만들어 관리하면 된다. 비슷한 콘텐츠끼리 재생목록으로 분류해 묶어두면 보는 사람 입장에서 원하는 영상을 쉽게 찾아볼 수 있다. 그만큼 시청자의 채널 체류 시간도 길어지게 된다. 자신 있게 만든 영상이나 추천하고 싶은 영상들을 별도로 내 채널 상단에 노출하는 것도 가능하다. 내 채널의 영상뿐만 아니라 다른 채널의 영상도 재생목록에 넣을 수 있다. 혹시 채널을 다수 운영한다면 다른 채널 홍보 용도로 활용하는 것도 가능하다.

업로드가 끝이 아니다! 영상 관리하기

꾸준히 영상을 올리다 보면 구독자도 늘어나고 댓글도 달린다. 유튜브는 방송이라고 생각하는 사람들이 많은데, 잘못된 인식이다. 우리나라의 경우 아프리카TV의 인기 BJ들이 유튜브에서 활동을 시작하면서 유명해진 경우가 많다 보니, 유튜브를 공중파 방송과 같다고 착각하는 경우가 많다. 하지만 유튜브는 철저하게 SNS다. SNS는 사람들과 소통하는 것이 중요하다. 댓글을 통해 소통하는 모습을 보여줘야 한다. 일일이 다 댓글을 다는 것은 무리겠지만 끊임없이 소통하려고 노력하는 모습은 분명히 좋은 이미지로 사람들에게 각인될 것이다.

구독자가 늘어나고 인기가 높아지면 안티도 생기고 악성 댓글을 작성하는 사람도 나타나기 시작한다. 불편한 댓글이 있다면 정중하게 요청하고, 반복되거나 그 정도가 심하다면 삭제나 신고, 차단 방법을 사용하면 된다. 캡처해두는 것도 잊지 말아야 한다. 혹시 나중에 필요한 일이 생길 수도 있다. 조언은 달게 받아 고치는 모습을 보여줘야 하지만, 악의적인 글은 다른 사람들의 눈도 찌푸리게 하니 예의바르게, 그러나 단호하게 대처하는 것이 좋다.

다시보기

업로드와 그 후 관리, 어떻게 하라고요?

1. 가급적 규칙적으로 정해진 요일과 시간에 업로드하라!

2. 최소한 3개 이상의 카테고리로 보기 좋게 정리하라!

3. 베스트 댓글은 상단에 고정하고 꼭 답글을 하라!

4. 제목과 설명 폼을 사전에 정리해놓고 업로드하라!

드디어 완성된 나의 유튜브 광고하기

바이럴을 통해 광고해보자

최대한 노출을 많이 하기 위해서는 다른 SNS를 활용하는 것이 필요하다. 페이스북, 인스타그램, 블로그 등 내가 가입한 SNS를 통해 공유하도록 한다. 카카오톡 등을 통해 지인들에게도 구독과 공유를 요청하는 것도 필요하다. 스팸처럼 무성의하거나 집요하게 요청하면 서로 불편한 상황이 될 수 있으니 주의해야 한다. 나와 유사한 콘텐츠를 올리는 유튜버 중에 많은 구독자를 보유하고 있는 이의 영상에 빠르게 댓글을 다는 방법으로 홍보하는 방법도 있다. 대놓고 홍보하면 오히려 역효과가 생길 수 있으니 홍보하는 티가 나지 않게 '선플'을 달아야 한다.

구독자 수를 늘려보자

구독은 끊임없이 요청해야 한다. 영상 끝에 구독 요청을 넣는 것은 당연하고, 브랜드 설정을 통해 영상 안에 로고를 넣는 것도 잊어서는 안 된다. 한번 설정하면 모든 영상 오른쪽 하단에 뜨게 되는데, 마우스를 가져가면 구독 버튼이 뜨고 클릭하면 내 채널로 이동하게 된다. 최종 화면 설정 기능에서도 구독 버튼을 추가할 수 있으니 빠뜨리지 말고 챙겨야 한다.

내 콘텐츠 관련 커뮤니티 활동도 도움이 된다. 온라인에서뿐만 아니라 오프라인에서도 구독 요청은 계속되어야 한다.

가장 중요한 조회 수를 늘려보자

조회 수를 늘리기 위해서는 노출이 많이 되도록 해야 한다. 구독자 수에 따라 구간별로 유튜브에서 노출을 해주는 경우도 있지만, 특정 키워드를 영상마다 반복 사용하여 검색에 걸리도록 키워드를 선점하는 것도 필요하다. 영상 제목, 설명, 태그마다 반복해서 특정 키워드를 꾸준하게 넣는다면 나중에는 그 단어를 검색할 때 내 영상들이 상위에 노출되게 될 것이다.

유튜브의 카드 기능과 최종 화면 기능도 활용해서 시청자가 하나의 영상만 보고 끝나지 않고 다른 영상까지 보도록 유도해야 한다. 카드 기능은 영상 중간에 우측 상단에 메시지 형태로 띄울 수 있는 기능이다. 클릭하면 링크된 영상이나 재생목록 등을 바로 볼 수 있다. 지금 보는 영상이 내가 만든 다른 영상과 연관성이 있다면 카드 기능을 꼭 활용하여 바로 이동할 수 있도록 해야 한다. 최종 화면은 내가 설정할 수 있는 광고 영역이다. 나의 영상 중 반응이 좋았던 영상들을 띄워 바로 이어서 시청할 수 있도록 한다. 연관된 영상이나 인기 있는 영상을 홍보하는 것이 가장 효과가 좋다.

본격적인 유튜버로서의 한 걸음을 내딛었다면

본인이 유명인이 아닌 이상 단기간에 구독자가 늘어나고 조회 수가 폭발하는 것은 거의 불가능하다. 그러니 꾸준히 하는 것이 중요하다. 또한 채널의 정체성은 가져가되 다양한 콘텐츠를 시도해보는 것이 좋다. 어떤 영상이 뜰지는 아무도 모른다. 하지만 사람들과 꾸준히 소통하며 성실함을 보여준다면 언젠가는 1,000명, 1만 명, 10만 명 구독자가 늘어나게 될 것이다. 지치지 않고 재미있게 만들 수 있는 콘텐츠를 찾아보고 즐기는 것이 중요하다.

다시보기

내 채널을 광고하고 싶다면 어떻게 해야 한다고요?

1. 꾸준히 내 채널과 유사한 채널의 영상을 시청하라!

2. 구독자와 좋아요에 집착하지 마라!

3. 더 좋은 영상을 만들도록 노력하라!

4. 적극적인 시청자와 소통하라!

유튜버를 꿈꾸는 아이들과
그 아이들을 바라보는 부모들에게

김윤수

중학교 2학년인 첫째 아이가 유튜브를 시작한 지 이제 6개월쯤 되었다. 구독자 수가 제법 늘더니 요즘은 정체기다. 하지만 아이는 구독자 수에 일희일비하지 않고 묵묵히 영상을 올리고 있다. 처음 아이가 유튜브를 시작한다고 했을 때 내심 반겼지만, 마음 한편으로는 혹시나 독서와 공부를 게을리하지 않을까 걱정이 되었다.

지난 6개월 동안 아이는 어떤 변화가 있었을까. 처음 며칠은 유튜브에 빠져 책도, 숙제도, 공부도 돌아보지 않았다. 엄마 마음은 바짝바짝 타들어 가는데 아이는 컴퓨터와 스마트폰만 보고 있었다. 매일 저녁, 그 모습을 보면 불쑥불쑥 화가 올라올까 봐 둘째를 데리고 도서관이나 카페에 가서 일했다. 아이가 유튜브를 시작한다고 한 이상, 그리고 잘해보라고 호기롭게 오케이 사인을 보낸 이상 지켜보기로 했다. 그런데 엄마의 걱정은 정말 '걱정일 뿐!'이었다. 유튜브를 한다고 소홀히 했던 숙제와 공부들로 벼랑 끝에 선 아이는 스스로 시간을 관리하려고 애쓰기 시작했다. 큰 걱정 하나는 덜어낸 셈이다. 그뿐이 아니다. 유튜브 덕분에 아이는 자신의 주변에서 일어나는 일들에 관심을 두기 시작했다. (유튜브에 업로드할 영상 아이템을 찾아야 하니까!!!) 중간고사 때는 역사 공부를 하는 모습을 영상으로 촬영해 업로드했다. 공부도, 유튜브도 놓치지 않으려는 생각이었는데 본데 감사하게 구독자 수가 늘어서 일석이조의 효과를 봤다. 아이는 자기가 하고 싶은 일을 시작하고 나서 자신이 해야 할 일도 더 열심히 해야 한다는 것을 깨달은 듯했다. 물론 이렇게 되기까지 아이마다 시간의 차이는 있으리라고 본다. 어떤 아이는 공부와는 담을 쌓고 유튜브에만 매달릴 수도 있다. 그런 아이들은 유튜브로 반드시 성공할 것이다. 그렇게 많은 에너지를 쏟고 있는데 안 될 리가 없다.

시대가 변했다. 아이들은 일생을 살아가면서 평균 네 가지 이상의 직업을 가질 것이고 유튜브 크리에이터는 그중 하나가 될 것이다. 자기가 좋아하는 일을 꾸준히 하다 보면 꼬리에 꼬리를 무는 아이디어가 생겨 그 분야의 전문가로 우뚝 설 것이다. 이 책 한 권이 유튜버라는 꿈을 키우고 있는 아이들과 그런 아이들을 바라보는 부모들에게 도움이 되면 좋겠다.

끝으로 20년 동안 한결같은 사랑과 끝없는 지지를 보내준 내 인생의 스페셜 남편 이태경과 어쩌다 엄마가 된 나에게 사랑의 참뜻을 온몸으로 가르쳐준 두 딸 화인, 해인, 집필하는 동안 내 옆을 떠나지 않은 강아지 루비, 그리고 나의 영원한 소울 메이트 친구 김나해에게 무한한 감사를 전한다.

마치 몇십 년 전부터 함께 일한 것처럼 마음을 맞추고 있는 이상훈 소장님과 오인화 아나운서님께 지면을 통해 감사를 전한다.

올바른 영상 콘텐츠를
생산하고 소비할 수 있는 시대가 오길

이상훈

4년 전 유튜브 채널을 처음 시작하면서 앞으로 영상 콘텐츠의 시대가 열릴 것이라는 막연한 생각을 갖고 다양한 도전과 시도를 지금까지 이어왔다. 하지만 그 결과가 이렇게 누군가에게 도움 되는 책으로 완성될지는 전혀 생각하지 못했다.

마을 교육 공동체 사업인 경기도교육청의 꿈의 학교를 시작으로, 김윤수 작가님, 오인화 아나운서님과 함께 시작한 방송 체험과 교육 프로그램이 단국대학교 김형태 교수님을 만나 수원시 유튜버 강사 양성과정으로 이어졌다. 다행히도 180시간의 교육과정 속에서 전문성을 더하게 된 것 같다.

사실 유튜브 강사라고 하는 분들이 대부분 아직 정확한 정체성 없이 편집 위주의 강의를 하는 경우가 대부분이다. 그렇지만 수원시 유튜버 강사 양성과정을 통해 제대로 된 강사님들을 배출하고, 또 학생들에게 올바른 영상 콘텐츠 생산과 소비를 교육할 수 있게 된 것도 참 다행이다. 생각할수록 큰 보람을 느낀다.

2018년 12월 한국강사협회에 유튜브 특강을 시작으로 지금까지 참 많은 곳에 출강하고 있다. 그렇게 인연을 만들어주신 에너지 클럽 곽동근 소장님과 강사협회 최문희 부회장님께 진심으로 감사 말씀을 전한다.

마지막으로 항상 곁에서 묵묵히 함께 응원해주시는 후원인 여러분과 민선기 실장님 그리고 임소영 매니저님께 감사한 마음을 전한다.

수많은 사람들에게
빚지고 감사하며 살아갑니다

오인화

《운을 읽는 변호사》라는 책을 보면, 우리는 수백만 명의 은혜 덕분에 지금 내가 살아가고 있다고 말한다. '200만 명의 사람들 덕분에' 우리가 존재한다는 것이다. 아기일 때 먹는 분유를 만드는 데에도 소 키우는 사람, 우유 운반자, 우유를 분유로 만드는 사람, 판매하는 사람, 분유를 타서 먹이는 사람 등 여러 명의 손을 거쳐 간다. 이런 식으로 지금 우리가 수만 명의 사람의 도움을 받아 먹고 자고 살아가고 있다는 내용이다. 이미 30여 년을 산 나는 더 많은 사람에게 빚지고 감사하며 살아오고 있다는 이야기다.

이 책을 내는 데에도 수많은 사람의 도움을 받았다. 수년간 내 강의를 들으며 피드백을 주고 질문하며 강의 소재거리를 다채롭게 만들어준 분들, 강의 내용에 대해 장단점을 이야기해줌으로써 계속 개선되게 도와

주신 분들, 그리고 첫 책을 함께 쓰게 된 이상훈 소장님과 김윤수 작가 님께도 감사하다. 나 혼자는 어려웠지만 함께였기에 수월하게 책을 낼 수 있었다. 한 권의 책에 많은 시간과 노고가 투입되는 것을 직접 경험 하니 여태 읽은 책들에도 감사함을 느낀다. 마지막으로 일과 공부를 병 행하며 책을 쓰느라 수선을 떨었는데, 책을 쓸 수 있도록 그 환경을 조 성해주고 지지해준 가족들에게 감사함과 사랑을 전하고 싶다.